# LES GRANDES BATAILLES

## DE LA PREMIÈRE ET DE LA SECONDE GUERRE MONDIALE

Antoine Bourguilleau

# LES GRANDES BATAILLES

## DE LA PREMIÈRE ET DE LA SECONDE GUERRE MONDIALE

EDITIONS ESI

# Sommaire

# Introduction

Le XX<sup>e</sup> siècle a vu des millions de soldats s'affronter au cours de deux guerres mondiales ayant dépassé, en intensité comme en violence et en étendue, tous les conflits de l'histoire.

Durant la Première Guerre mondiale, des nations européennes, depuis longtemps prêtes à en découdre, s'affrontèrent dans un conflit qui marquera longtemps les esprits par sa violence. Les deux camps confiants dans la supériorité de leur armement et sa létalité pensaient partir pour un conflit bref. Cette létalité fut la cause même de la création de systèmes de tranchées complexes, qui transformèrent ce conflit qui s'annonçait mobile en une véritable guerre de siège et industrielle. L'héroïsme, si longtemps vanté dans les livres, n'était plus de mise. Le bombardement aveugle et systématique des lignes de front pouvait à tout instant pulvériser le combattant de première ligne. Sur les mers mêmes, les batailles, moins coûteuses, se soldaient la plupart du temps par des affrontements indécis, chacun ayant trop à perdre pour prendre un risque permettant de l'emporter. Au final, les puissances centrales finirent par capituler sans avoir réellement subi de défaites écrasantes.

La Seconde Guerre mondiale fut, à bien des égards, fille de la Première. Les rancœurs accumulées en Allemagne par le « Diktat » de la paix de Versailles, mais également en Italie, qui estimait qu'elle n'avait pas reçu le prix territorial de sa contribution, poussèrent des populations désemparées par la crise dans les bras de dirigeants fascistes. La guerre qui débuta en 1939 dépassa la précédente en terme de violence. Plus personne n'était à l'abri des combats et les populations civiles payèrent un lourd tribut dans cette apocalypse. Il fallut près de six années pour que les puissances de l'Axe soient vaincues, en Europe et en Asie, six années qui changèrent la face du monde.

# La Marne
## L'échec du plan Schlieffen

Alors que les armées allemandes semblent voler de victoire en victoire et que Paris est menacée, la bataille de la Marne permet aux armées françaises de rétablir la situation. Un miracle ? Pas vraiment. Le plan Schlieffen, appliqué par le grand état-major allemand, a vu sa dernière mouture fixée en 1904. Il prévoit un vaste mouvement tournant à travers la Belgique, dont la neutralité sera violée, afin de chasser les armées françaises qui ne manqueront pas de se ruer à la rencontre des armées allemandes en Belgique. Il anticipe, par ailleurs, le plan XVII des Français, qui prévoit que l'effort principal sera porté sur l'Alsace et la Lorraine, annexées par l'Allemagne après la guerre de 1870. Mais ce plan comporte un défaut majeur : il n'a pas tranché la question de Paris. Cela va s'avérer fatal.

Dès la mobilisation allemande terminée, une masse de plus d'un million de soldats allemands franchit donc la frontière belge. La petite armée belge n'est naturellement pas de taille à lutter contre un tel déferlement. Français et Britanniques volent à son secours, mais sont rapidement emportés dans le flot des fuyards. Liège puis Bruxelles tombent et les armées des Alliés doivent à présent faire demi-tour pour éviter l'anéantissement. La frontière française est atteinte avant même la fin du mois d'août.

### L'état-major français réagit

Le général – et futur maréchal – Joffre, à la tête des armées françaises, a vite compris que le danger en provenance du nord menace la capitale. Dès le 25 août 1914, il renforce donc son aile gauche en prélevant des troupes sur les autres secteurs d'opération.

Les armées françaises et britanniques battent en retraite en Belgique, parfois dans le plus grand désordre, et il est impératif de rétablir la situation au plus vite. Il compte, pour enrayer le mouvement des armées allemandes, s'appuyer sur deux points. Paris est naturellement le premier. La région militaire fortifiée de Verdun, pourvue de nombreux forts modernes, est le second. Mais si le général en chef français sait pouvoir compter sur ces

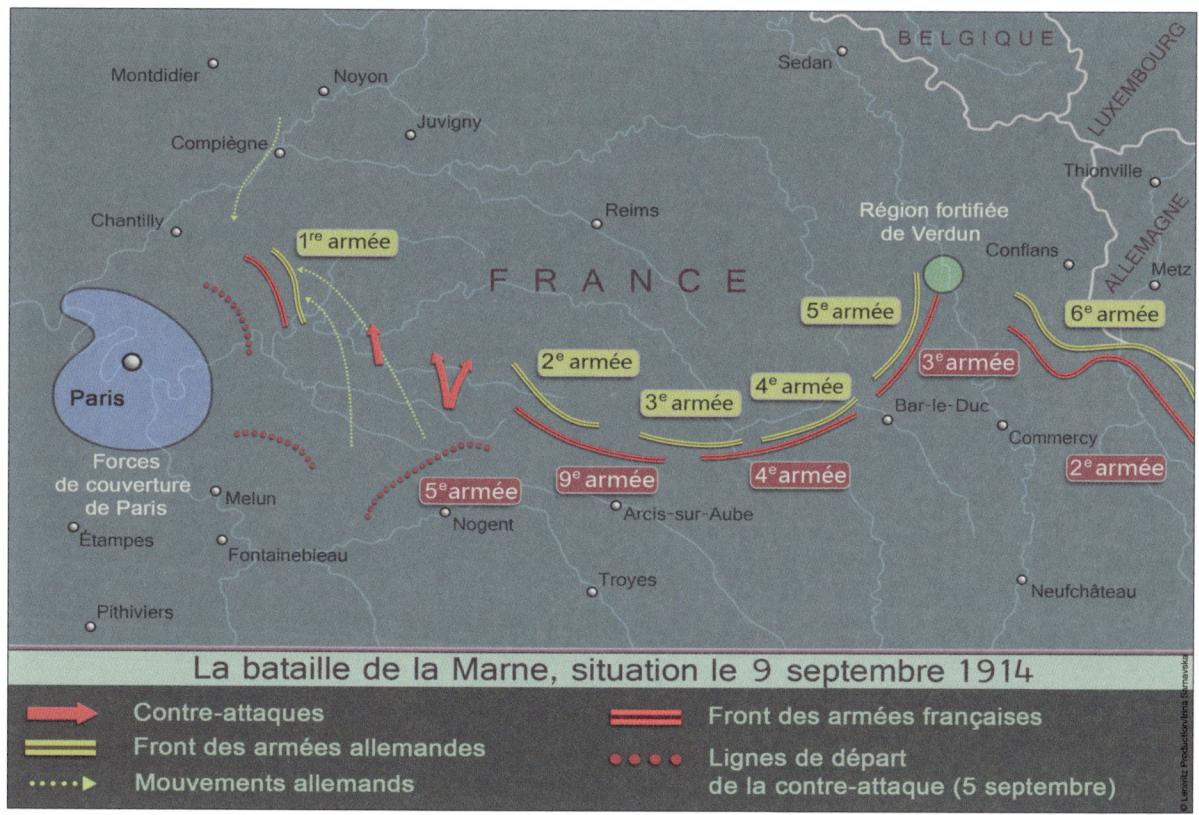

La bataille de la Marne, situation le 9 septembre 1914

**Contre-attaques** — **Front des armées françaises** — **Front des armées allemandes** — **Mouvements allemands** — **Lignes de départ de la contre-attaque (5 septembre)**

deux points d'ancrage, il n'a pu se décider sur la ligne de défense la plus adaptée. Il a d'abord songé à la Seine, mais les délais d'acheminement des troupes dans le secteur le font opter pour la ligne de la Marne. Cela n'est pas sans créer des difficultés avec le général commandant du BEF (British Expeditionary Force – Corps expéditionnaire britannique) qui n'est pas

### Alfred von Schlieffen

Le général Alfred von Schlieffen (1833-1913) est l'auteur du plan qui doit permettre d'écraser la France en six semaines. Mais ce plan, adopté en 1904, ne fonctionne pas, comme Schlieffen le notera lui-même avec désespoir dans ses notes, peu avant sa mort. Au regard des effectifs français, Schlieffen doit en effet disposer de deux armées supplémentaires pour espérer l'emporter. Problème : il n'a pas la place de les déployer au départ. L'Allemagne part donc en campagne avec un plan qui ne fonctionne pas…

officiellement placé sous ses ordres, d'où de nombreux problèmes de coordination.

## La contre-attaque se prépare

Début septembre, Joffre est parvenu à rassembler un important noyau de troupes autour de Paris, ce qui n'est pas sans inquiéter Moltke, commandant en chef des armées allemandes sur le front occidental. Le plan Schlieffen n'a en effet pas tranché cette question cruciale : une fois le pivot effectué en Belgique, avec les Ardennes comme point de départ, les armées allemandes (en l'occurrence les 1re et 2e armées de Kluck et Bulow) doivent-elles passer au sud ou au nord de Paris pour se rabattre sur l'armée française ? Passer au sud, c'est risquer de se trouver isolé si Paris résistait. Passer au nord, c'est courir le risque de subir une contre-attaque sur le flanc droit. L'état-major allemand opte finalement pour un mouvement au nord. Kluck marche vers Château-Thierry et Bulow en direction de Troyes. Le 6 septembre, les 3e, 4e et 5e armées allemandes, qui ont dépassé Châlons-sur-Marne, attaquent les 9e, 4e et 3e armées françaises déployées du Grand Morin à Verdun et accentuent leur poussée en direction de Vitry-le-François et de Bar-le-Duc.

### Les taxis de la Marne

Les taxis de la Marne sont entrés dans l'histoire, pour de bonnes et de mauvaises raisons. Leur montée vers les lignes de départ de l'offensive, chargés de soldats, est un événement en soi : c'est la première fois que des soldats sont transportés en masse par des véhicules automobiles. Mais ils ne transportèrent que 6 000 hommes au total, un chiffre dérisoire au vu des effectifs engagés.

Mais le changement brusque de direction opéré par le 1er corps provoque une brèche de 30 km sur son front : il lui faut en effet se garder de la 6e armée française de Maunoury, déployée au nord-est de Paris, et que Kluck espère encercler en utilisant les troupes qui assiègent encore Maubeuge. Il a donc été contraint de diviser son corps en deux. Il ignore que la brèche se trouve précisément dans l'axe choisi pour l'attaque franco-britannique, qui doit débuter le 9 septembre.

## L'exploitation de la brèche

Le 9 septembre au matin, alors que sur le front qui va de l'Ourcq à Verdun, les Allemands ne cessent de s'enfoncer, la 5e armée française de Franchet d'Esperey et le BEF, à sa gauche, quittent leurs positions de la Marne, s'élancent et traversent le Grand et le Petit Morin en direction de Château-Thierry. Il s'agit là d'un changement de dernière minute : Joffre espérait en effet attaquer avec les deux armées déployées sur ses ailes, la 6e et la 3e, mais elles font face à trop forte opposition. Dès le début de l'assaut, le combat est d'une extrême violence, caractérisé par de furieux duels d'artillerie de campagne et Kluck fait bien mieux que résister. Mais un ordre lui parvient bientôt de l'état-major général, qui décide la retraite. Son corps risque d'être isolé et anéanti. Le 9 au soir, l'aile droite allemande bat en retraite vers l'Aisne, en relative sécurité : Joffre ignore qu'il est vainqueur. Ses ordres pour le lendemain sont d'une grande prudence, mais dès le matin du 10 septembre, l'état-major de la 6e armée de Maunoury lui apprend que l'adversaire qui menaçait de l'enserrer s'est volatilisé dans la nuit. Joffre peut alors écrire, dans son ordre du jour, que *« la victoire est désormais dans les jambes de notre infanterie »*. Pour la première fois depuis le début de la campagne de Belgique et du Nord, l'armée française avance sur toute la largeur du front. Paris est sauvée et la situation rétablie. Le 1er septembre, Joffre peut proclamer sa victoire.

Front Ouest, France-Belgique, août-septembre 1914. Soldats allemands armés de grenades à fusil attendant une contre-attaque.

## Bilan

La bataille de la Marne signe l'échec du plan Schlieffen. Les Allemands, après des succès indéniables remportés en Belgique et dans le Nord de la France, ne sont pas parvenus à prendre Paris. Sur le million d'hommes engagés de part et d'autre, on estime les pertes, dans chaque camp, à près de 250 000 tués, blessés et disparus, auxquels s'ajoutent plus de 15 000 prisonniers allemands qui iront remplir les premiers camps de détention. La bataille de la Marne, au cours de laquelle les fameux taxis ont joué un rôle pittoresque mais peu décisif, met un coup d'arrêt à l'offensive allemande et voit s'évanouir l'espoir d'une guerre fraîche, joyeuse – et courte. Les pertes ont été extrêmement sévères, bien plus importantes que les états-majors ne l'avaient prévu. Les deux camps vont à présent se lancer dans ce que l'on a appelé « la course à la mer ». La Première Guerre mondiale ne fait que commencer et va bientôt entrer dans une véritable impasse.

# Tannenberg
## Un tournant de la Première Guerre mondiale

Le 1er août 1914, l'Allemagne a déclaré la guerre à la Russie qui avait commencé à mobiliser ses troupes. La Première Guerre mondiale ne va pas tarder à ensanglanter l'Europe. Pour l'Allemagne, néanmoins, la Russie n'est qu'un souci secondaire. Le plan Schlieffen, fixé en 1905, prévoit une offensive éclair en France et en Belgique, devant durer six semaines. Ensuite, ses troupes victorieuses seront rapatriées sur le front Est pour combattre les Russes. Les Russes, quant à eux, sont soucieux d'honorer leurs engagements vis-à-vis de la France et sont bien décidés à passer rapidement à l'offensive. La Pologne est un excellent point de départ pour menacer la Prusse orientale, berceau du militarisme allemand et, par-là, la Silésie puis Berlin. À l'est comme à l'ouest, on espère évidemment une guerre très rapide et manœuvrante. On se trompe.

La mobilisation russe se déroule plus rapidement que les Allemands ne l'ont prévu. Mais la force gigantesque en train de se rassembler aux frontières orientales de l'Allemagne est un colosse aux pieds d'argile.

Sur le papier, le rapport de force est accablant. Les Allemands ne disposent, face aux Russes, que de la 8e armée, commandée par le général von Prittwitz, composée de trois corps d'armée d'active (1er, 17e et 20e corps), du 1er corps de réserve et d'une division de cavalerie.

Face à eux, l'armée russe déployée en Pologne aligne neufs corps d'armées et sept divisions de cavalerie. Si l'on sait, par ailleurs, que les effectifs des corps russes sont supérieurs d'environ 25 % à ceux des corps allemands, la supériorité russe est proprement écrasante : 400 000 hommes contre 200 000. Les Russes choisissent d'attaquer rapidement, en deux colonnes à peu près égales : la 1re armée de Rennenkampf attaquera au nord, vers Königsberg ; la 2e armée (Samsonov), attaquera au sud vers la Silésie.

### Les Russes passent à l'attaque

Le 15 août, la 1re armée russe pénètre en Silésie. Malgré leur supériorité, les Russes ignorent à peu près tout

## Le canon Putilov

Le canon de campagne russe, baptisé M/02 (modèle 1902), mais connu sous le nom de son inventeur, Putilov, est une pièce d'un calibre de 76,2 mm, avec un frein récupérateur à ressort. Sa cadence de tir, sa fiabilité et sa précision feront dire à Ludendorff, dès 1915, que le Putilov est bien supérieur au canon de 75 Français, pourtant toujours présenté dans notre pays comme la meilleure pièce de campagne de toute la guerre. Les Russes continuent de l'utiliser jusqu'à la mondiale.

du dispositif allemand. Les Allemands, quant à eux, ont observé les mouvements des Russes et savent précisément où ils se trouvent. Ils peuvent donc réagir plus facilement. Le 17 août, un premier affrontement a lieu et les Russes sont repoussés. Mais leur nombre leur permet de reprendre leur marche et, le 19 août, de remporter une victoire à

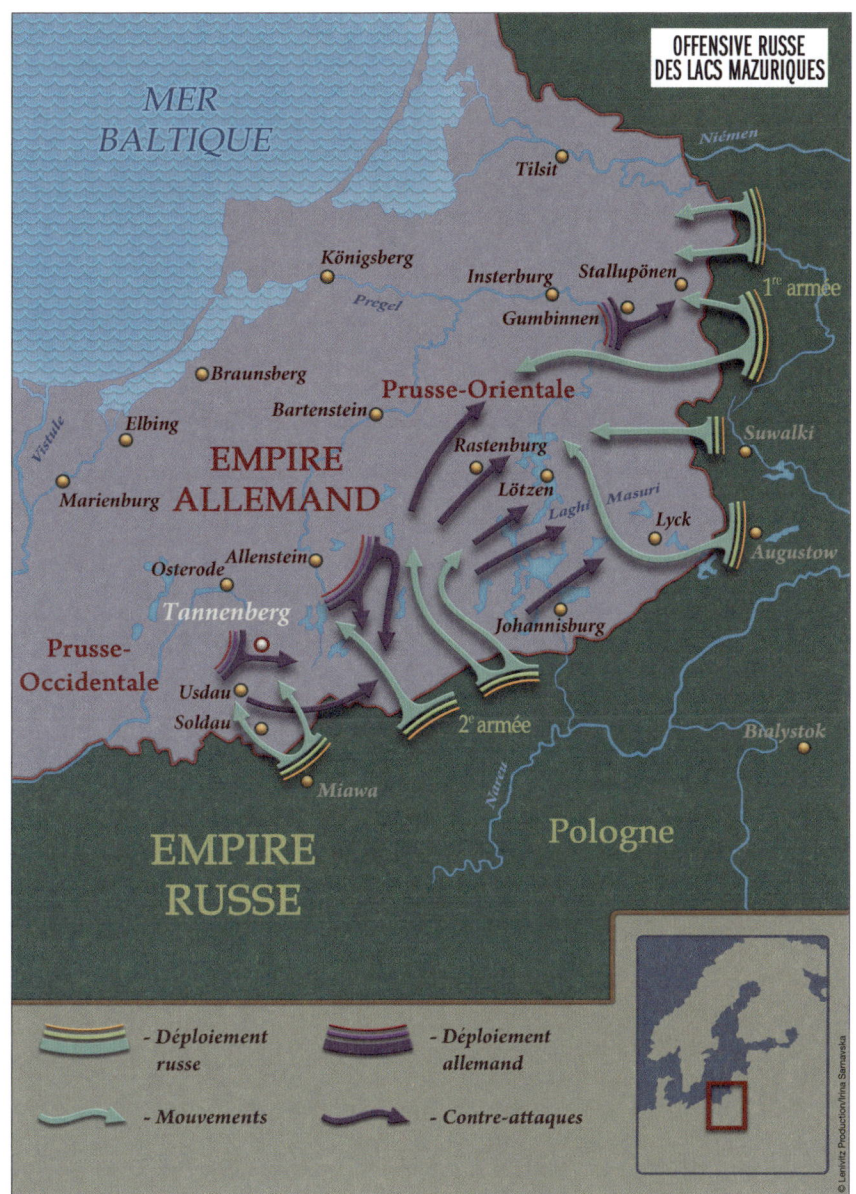

OFFENSIVE RUSSE
DES LACS MAZURIQUES

MER BALTIQUE

Tilsit

Niémen

Königsberg

Insterburg  Stallupönen

Gumbinnen

1re armée

Pregel

Prusse-Orientale

Suwalki

Braunsberg

Bartenstein

Rastenburg

Elbing

Lötzen

Masuri

EMPIRE
ALLEMAND

Laghi

Lyck

Augustow

Marienburg

Osterode  Allenstein

Johannisburg

Tannenberg

2e armée

Prusse-
Occidentale

Usdau

Soldau

Bialystok

Miawa

Narru

EMPIRE
RUSSE

Pologne

- Déploiement russe

- Déploiement allemand

- Mouvements

- Contre-attaques

Gumbinnen. Les 1er et 17e corps alle-mands manquent alors d'être totale-ment encerclés et anéantis et doivent se replier en toute hâte vers le sud-ouest.

Les renseignements dont disposent les Allemands vont alors leur permettre de renverser la tendance de manière spectaculaire.

Car côté russe, l'offensive se déroule en dépit du bon sens. Les deux armées russes cheminent séparément. Entre elles, se dressent une série d'obstacles naturels, les lacs Mazures. Distantes de 80 km, soit trois jours de marche, les deux armées russes ne peuvent donc se soutenir. Pire : la 2e armée de Samsonov est en retard ; elle ne fran-chit la frontière russe que le lendemain de la bataille de Gumbinnen.

## Prittwitz est limogé

Le repli de Prittwitz a inquiété Molkte, le chef d'état-major allemand. Le 21 août, il décide de lui adjoindre le général Ludendorff, qui vient de s'illus-trer en Belgique. Deux jours plus tard, Prittwitz est limogé et remplacé par le général Hindenburg. Le grand bourgeois Ludendorff et le vieux hobereau prussien Hindenburg vont former, quatre années durant, le meilleur attelage de stratège de la guerre, ce que Ludendorff appel-lera « un heureux mariage ».

Les deux hommes mettent alors sur pied un plan d'une grande simplicité,

### Le général Rennenkampf

Né en 1854 en Estonie, le général russe Rennenkampf n'est plus un jeune homme lorsque le conflit débute. Considéré comme un officier capable, il se voit confier la première armée russe qui remporte la première victoire de la guerre contre les Allemands. Mais son indécision à Tannenberg va lui être fatale. En novembre 1914, il est limogé. D'origine allemande, il est suspecté de trahison et donne sa démission en octobre 1915. Ayant refusé un poste dans l'Armée rouge après la révolution de 1917, il est fusillé par les Bolcheviques le 1er avril 1918.

qui tire partie de l'éloignement des deux armées russes : concentrer leurs troupes sur l'une d'elles et l'écra-ser avant de se retourner vers l'autre. Ils sont par ailleurs bien aidés par la grande légèreté de la Stavka, l'état-major russe. Rennenkampf s'est per-suadé que les Allemands se sont repliés en bon ordre et ignore tout de la panique qui règne au sein de leur état-major. Ayant pris acte du retard de Samsonov, il temporise. Pendant ce temps, Samsonov continue sa poussée et s'éloigne donc davantage encore de lui. En outre, les deux armées ont la

fâcheuse habitude de communiquer par radio, en clair : les Allemands peuvent ainsi intercepter l'ordre de marche complet de la 1re armée et apprennent donc qu'ils auront les mains libres pour attaquer la seconde.

## Le piège se referme

Le 27 août, tandis que Samsonov conti-nue de pousser vers la Vistule avec la ferme intention d'y prendre les trou-pes allemandes dans une nasse, la 8e armée allemande contre-attaque. Von François, commandant le 1er corps, s'est redéployé au sud de Samsonov et se lance dans une attaque vers le nord-est, tandis que les 17e et 20e corps, au nord, foncent vers le sud-est. Le 28, les troupes de von François ont percé le front russe et peuvent marcher sur ses arrières sans rencontrer de résis-tance. Le lendemain, elles atteignent Willenberg et tendent la main aux troupes de Mackensen, commandant le 17e corps. L'armée de Samsonov est encerclée. Elle est presque anéan-tie et son chef, Samsonov, se suicide le 30 août. Rennenkampf doit battre en retraite pour ne pas être lui aussi écrasé.

La bataille de Tannenberg s'achève par un désastre pour les Russes. Les Allemands ont perdu 20 000 hommes, tués et blessés. Côté russe, aux 50 000 morts et blessés s'ajoutent 92 000 prisonniers.

Paul Hindenburg, maréchal allemand (à g.) et le général Erich Ludendorff. Avril 1916.

## Bilan

La bataille de Tannenberg est de loin une des plus brillantes victoires de toute la Première Guerre mondiale. Aucune autre bataille, sur quelque front que ce soit, ne permettra de faire autant de prisonniers toute la guerre durant. Psychologiquement, l'armée russe ne s'en remettra jamais. Pour les Allemands, cette victoire tombe à point nommé. Quelques jours plus tard, ils échouent sur la Marne. La campagne de six semaines prévue par l'état-major va se prolonger quatre années durant. Tannenberg est donc un tournant. Elle a sauvé la Prusse, Berlin et la Silésie de la menace russe. La menace à l'est est écartée. Si les Russes sauront se reprendre, ils ne constituent plus une menace aussi sérieuse que prévue. Les Allemands vont donc pouvoir se concentrer sur la guerre longue et coûteuse qui se profile à l'ouest. À l'est, cependant, la guerre demeurera, en raison même de l'étendue du front, beaucoup plus mobile qu'à l'ouest, les réseaux de tranchées étant bien moins développés.

avril
**1915**

# Gallipoli
## Désastre en Méditerranée

En novembre 1914, la Turquie est entrée en guerre aux côtés de l'Autriche-Hongrie et de l'Allemagne. La chose n'est pas une franche surprise, car depuis la fin du XIXe siècle, la Turquie, en pleine modernisation, s'est beaucoup rapprochée de Berlin. Mais son entrée en guerre, immédiatement suivie d'une déclaration de guerre de la France et de la Grande-Bretagne ainsi que de la Russie, complique les choses pour les Alliés.

La Russie, alliée de la France et de la Grande-Bretagne, est déjà séparée d'elles par le bloc continental des Centraux. Au nord, le climat rend bien souvent impossible la navigation, tant en mer Baltique que sur le cercle polaire. La Russie ne dispose que d'un débouché maritime viable, par la mer Noire. Mais avec l'entrée en guerre de la Turquie, les détroits qui permettent de passer de la mer Noire en mer Égée et, de là, gagner la Méditerranée proprement dite, se trouvent naturellement interdits. La mer de Marmara, les détroits séparant l'Europe de l'Asie, Istanbul du reste de la Turquie, sont naturellement minés par les Turcs, tandis que les batteries d'artillerie déployées sur les rives interdisent tout passage en force de la flotte russe ou des flottes alliées.

Les Turcs ne craignent d'ailleurs pas beaucoup la flotte russe, assez vétuste, mais redoutent une éventuelle intervention britannique, dont les navires sont bien plus modernes et surclassent en nombre les leurs.

Naturellement, les Russes appellent leurs alliés à l'aide. Ces derniers se trouvent bien embarrassés. Prêter main forte aux Russes afin qu'ils dégagent le passage, c'est potentiellement leur offrir un débouché permanent en Méditerranée…

ce qui ne sert guère leurs intérêts sur le long terme.

### Le projet d'intervention se dessine

Malgré cela, et au vu de la menace que l'intervention de la Turquie fait également peser sur la Serbie, Français et Britanniques ne peuvent pas ne pas intervenir. En novembre 1914, Aristide Briand propose l'envoi d'un corps expéditionnaire à Salonique, afin non seulement d'aider les Serbes mais également de rallier les puissances balkaniques demeurées neutres, comme la Bulgarie et la Roumanie.

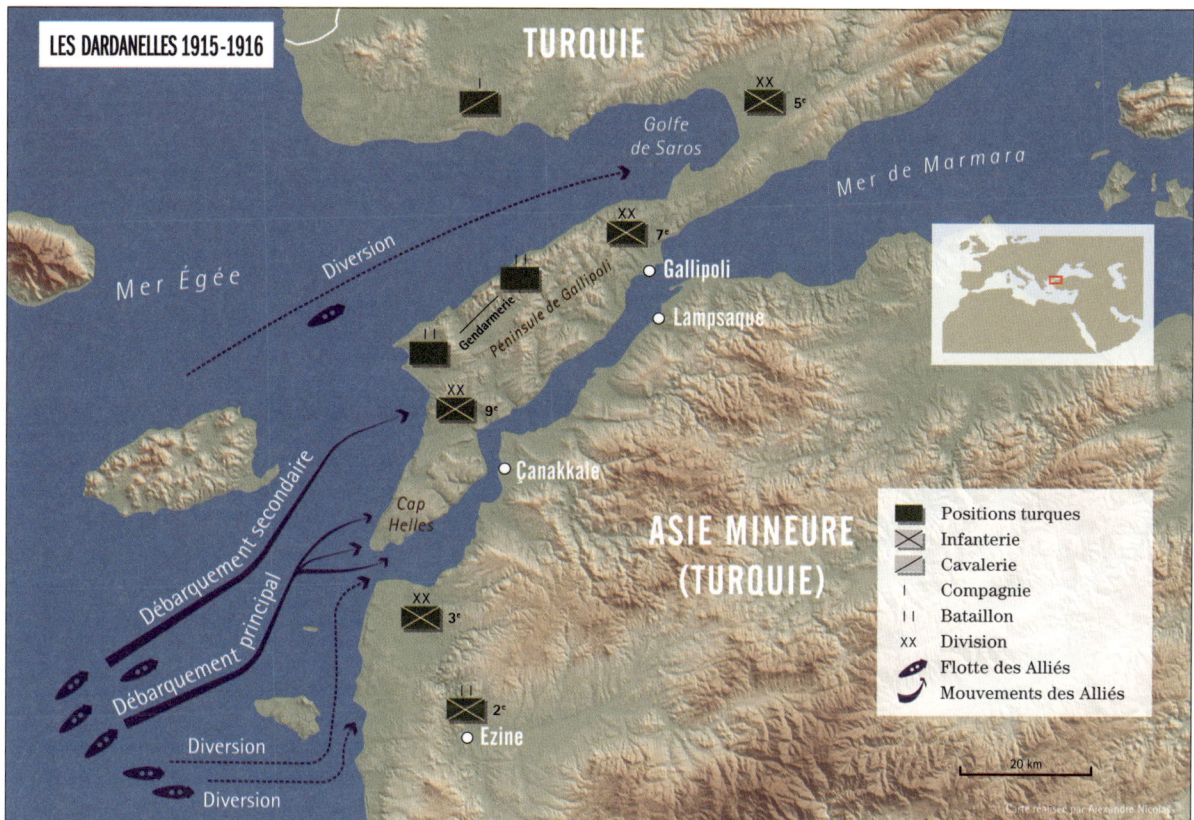

LES DARDANELLES 1915-1916

TURQUIE

Golfe de Saros

Mer de Marmara

Mer Égée

Diversion

Péninsule de Gallipoli

Gendarmerie

Gallipoli

Lampsaque

Çanakkale

Cap Helles

ASIE MINEURE (TURQUIE)

Débarquement secondaire

Débarquement principal

Diversion

Diversion

Ezine

| | Positions turques |
| | Infanterie |
| | Cavalerie |
| I | Compagnie |
| I I | Bataillon |
| XX | Division |
| | Flotte des Alliés |
| | Mouvements des Alliés |

20 km

Carte réalisée par Alexandre Nicolas

Si Joffre, commandant en chef des armées françaises, est totalement opposé à ce projet (sa position lui permet d'avoir le dernier mot en la matière), le projet fait son chemin dans les hautes sphères du pouvoir et attire également l'attention des Britanniques, dont celle du premier lord de l'Amirauté (équivalent britannique du poste de ministre de la Marine), Winston Churchill.

### L'Anzac

Pour la première fois durant la Première Guerre mondiale, des troupes du Commonwealth sont employées sur le sol européen. Des Indiens vont par exemple combattre en France et à Gallipoli et une grande partie du contingent est composée de soldats australiens et néo-zélandais, réunis dans l'Australian and New Zealand Army Corps (ANZAC). Gallipoli sera leur Verdun et, aujourd'hui encore, demeure un lieu de pèlerinage pour les Australiens et les Néo-Zélandais, qui s'y pressent pour rendre hommage à leurs morts.

Winston Churchill s'entretient avec lord Kitchener, ministre britannique de la Guerre. Au vu des effectifs déjà employés et de ceux encore disponibles, ce dernier exclut totalement une opération terrestre de grande envergure : les moyens sont trop limités. Churchill, qui souhaite s'illustrer et sent que la Royal Navy risque fort de demeurer l'arme principale dans ce conflit continental, prête une oreille attentive à la proposition alternative de Kitchener : débarquer un corps expéditionnaire dans les Dardanelles, sur la presqu'île de Gallipoli. En s'emparant de cette bande de terre, on pourrait aisément marcher sur Istanbul et sans doute provoquer la capitulation turque.

## Des chefs totalement apathiques

On pense, un temps, pouvoir forcer le passage des détroits afin d'isoler la presqu'île, et une première opération est entreprise en février 1915. Elle se solde par un échec et par la perte de plusieurs navires alliés. C'est le 25 avril 1915 que l'opération commence. Le débarquement doit s'effectuer en cinq points de part et d'autre du Cap Helles, tandis que des opérations de diversion sont engagées afin de tromper les défenseurs. Mais l'état-major britannique, qui dirige les opérations, commet deux erreurs qui vont s'avérer fatales. Il pense le secteur peu défendu, alors que les manœuvres de février et de mars autour des détroits ont naturellement inquiété le gouvernement turc qui a dépêché de nombreuses troupes et a

### Churchill, premier lord de l'Amirauté

Winston Churchill est déjà, en 1914, un personnage politique de premier plan. Il a combattu lors de la guerre des Boers, où il a été fait brièvement prisonnier et commande la marine de guerre britannique, la plus puissante du monde. Partisan de l'approche oblique, il est persuadé que la décision sera difficile à obtenir sur le front de l'Ouest et n'a de cesse de militer pour des opérations en Méditerranée pour menacer à la fois les Turcs et les Autrichiens, espérant les contraindre à une paix séparée. Il aura la même attitude durant la Seconde Guerre mondiale lorsque, devenu Premier ministre, il sera le fervent défenseur d'une attaque contre l'Italie, le « ventre mou » de l'Axe.

bâti de nouvelles redoutes pour son artillerie. La seconde est le mépris dans lequel les Occidentaux tiennent les soldats turcs ; les Britanniques s'apprêtent à les voir décamper au premier coup de canon, alors que la défense du territoire national les galvanise et qu'ils sont par ailleurs pourvus d'un matériel moderne et bien formés à son emploi. Le général britannique Hunter-Weston, commandant la 29e division et en charge des opérations dans le sud, fait preuve d'une

inactivité coupable et progresse très peu alors qu'il ne rencontre pourtant guère d'opposition. Les troupes débarquées un peu plus au nord de sa position, en provenance d'Australie et de Nouvelle-Zélande, font quant à elles face à une grande résistance, car c'est à cet endroit que les Turcs s'attendaient à une attaque.

## Un nouveau débarquement à Suvla

Très tôt, les pertes sont sévères chez les Alliés. Les Turcs, profitant de l'apathie générale des troupes du Commonwealth, ont tout le temps d'organiser une défense en profondeur, les zones de débarquement étant battues par une artillerie puissante et bien retranchée. Le 6 août 1915, un nouveau débarquement a lieu dans la baie de Suvla, avec pour objectif de tendre la main aux troupes de l'ANZAC déployées plus au sud. Mais une fois encore, l'apathie des généraux et la résistance acharnée des Turcs provoquent l'échec d'un plan pourtant bien conçu et avec des moyens tels que les Britanniques surclassent les défenseurs à six contre un. Dès le 8 août, les Turcs ont rééquilibré la balance et se développe, sur un territoire accidenté et étroit, un combat digne de la guerre de tranchées sur le front de l'Ouest. Constatant l'échec complet de leur offensive, les Britanniques décident, fin 1915, de rembarquer leurs troupes, une manœuvre qui ne rencontrera presque aucune opposition et se déroulera sans trop de pertes, se terminant le 10 janvier 1916.

Fusilleur irlandais trompant des snipers turcs.

## Bilan

La bataille de Gallipoli a duré près de 8 mois, durant lesquels des combats acharnés se sont livrés sur des secteurs larges de quelques kilomètres, avec une férocité inouïe. 490 000 Britanniques, Australiens, Néo-Zélandais et Français ont affronté près de 500 000 Turcs. Chaque camp a perdu environ la moitié de ses effectifs en tués, blessés et disparus. Un véritable désastre humain pour des gains absolument nuls. Les Turcs sont toujours dans la guerre, les détroits fermement entre leurs mains et les Russes demeurent de plus en plus isolés.

## mai
# 1915

# Artois
## Le début des tranchées

Les belligérants doivent, au début de cette année 1915, faire face à de nouveaux défis. La guerre de mouvement rapide, anticipée par tous les états-majors, est de l'histoire ancienne. Celle qui se profile sera une guerre statique, faite de préparations d'artillerie et de coups de mains brutaux.

Début 1915, l'état-major français planifie ses offensives. Ces dernières doivent se combiner aux offensives russes, sur le front de l'Est, et permettre également d'appuyer l'entrée en guerre imminente de l'Italie aux côtés des Alliés par une belle victoire, que l'on espère décisive.

Le secteur choisi par les Français est celui de l'Artois, à la jonction avec le front tenu par les Britanniques. Le groupe provisoire du Nord, commandé par le général Foch, planifie méticuleusement son assaut, mené par trois corps d'armée, dont le 33e corps du général Pétain sera le fer de lance.

L'objectif principal est la crête de Vimy, qui domine le secteur de l'Artois. Avec sa chute, les Français espèrent provoquer un véritable effondrement du front allemand dans le secteur, effondrement qui, espère-t-on, fera boule de neige. Les efforts de préparation n'ont pas été négligés et l'on pense, en haut lieu, avoir entrepris tout ce qui était nécessaire – et même davantage – pour la réussite de l'attaque. Des reconnaissances aériennes en profondeur ont été entreprises afin de connaître l'état exact des défenses allemandes. On a déployé trois corps d'armée supplémentaires et près de 80 pièces de gros calibre pour appuyer l'assaut. Les positions de départ, enfin, ont été entièrement réaménagées. Des tranchées parallèles ont été creusées, reliées aux positions de départ par un jeu très dense de boyaux de communication. Enfin, et cela tranche avec les pratiques futures, les soldats qui vont participer à l'attaque sont bien renseignés tant sur les objectifs que sur les enjeux de l'attaque. Le moral est donc excellent.

Côté allemand, les préparatifs français ne sont pas passés inaperçus, mais on n'a assez peu agi pour y faire face. Depuis la fin de 1914, le secteur a déjà été considérablement fortifié. Le réseau de tranchées est excellent et pourvu de nombreux abris souterrains suffisamment profonds pour résister à un bombardement d'envergure.

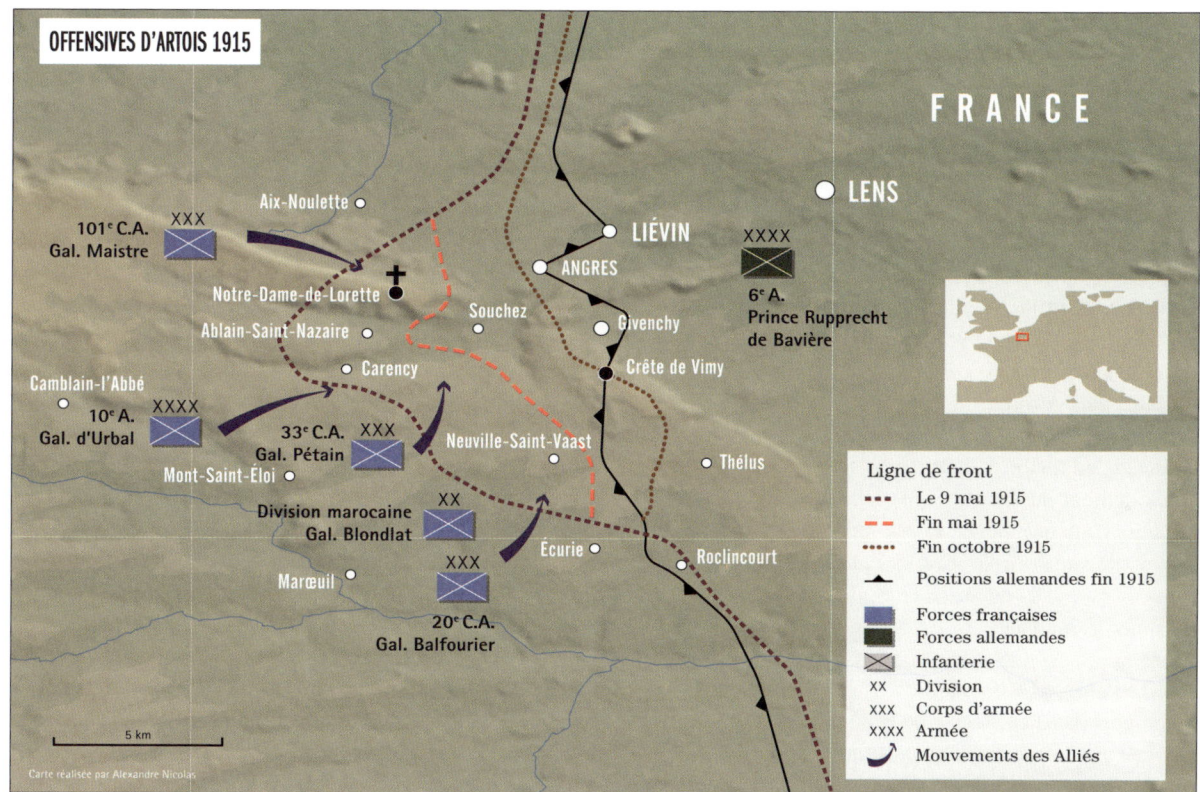

**OFFENSIVES D'ARTOIS 1915**

FRANCE

LENS

101e C.A.
Gal. Maistre

Aix-Noulette

LIÉVIN

ANGRES

XXXX
6e A.
Prince Rupprecht
de Bavière

Notre-Dame-de-Lorette

Souchez

Givenchy

Ablain-Saint-Nazaire

Camblain-l'Abbé

Carency

Crête de Vimy

10e A.
Gal. d'Urbal

33e C.A.
Gal. Pétain

Neuville-Saint-Vaast

Thélus

Mont-Saint-Eloi

Division marocaine
Gal. Blondlat

Écurie

Roclincourt

Marœuil

20e C.A.
Gal. Balfourier

5 km

Carte réalisée par Alexandre Nicolas

**Ligne de front**
- - - Le 9 mai 1915
- - - Fin mai 1915
...... Fin octobre 1915
▲ Positions allemandes fin 1915

Forces françaises
Forces allemandes
Infanterie
XX Division
XXX Corps d'armée
XXXX Armée
Mouvements des Alliés

## L'assaut débute

La préparation d'artillerie française débute le 4 mai 1915. Tous les points d'appui allemands repérés sont battus par les pièces de gros calibre, tandis que les tranchées allemandes sont prises pour cible par l'artillerie de tranchée française. Au total, un millier de pièces d'artillerie pilonne les positions allemandes. Le général d'Urbal, qui s'est vu confier l'attaque, déploie 15 divisions

## Les crapouillots

La guerre de tranchées va donner naissance à un arsenal dont la nécessité ne se faisait pas le moins du monde sentir lorsque l'on envisageait une guerre de mouvement. Les obusiers ou mortiers de tranchées, plus connus sous le nom de « crapouillot », un nom évocateur du « petit crapaud » et qui fait référence à leur apparence peu esthétique, sont déployés en première ligne et en grand nombre. Ce sont des armes très simple d'utilisation, dont le projectile décrit une trajectoire parabolique, visant à tomber presque à la verticale dans les tranchées ennemies. Peu précis, les crapouillots peuvent cependant provoquer des dégâts considérables.

d'active, trois divisions territoriales et trois divisions de cavalerie.

L'attaque initiale est prévue pour le 7 mai, mais le mauvais temps contraint le général à n'ordonner l'assaut que le 9 mai. À 6 h 00 du matin, l'artillerie, qui s'était tue un temps, reprend son barrage, sur les ouvrages de première ligne. À 10 h 00, les artilleurs allongent le tir et commencent à pilonner les arrières. Pour l'infanterie, c'est le signal. L'assaut véritable peut débuter.

Très rapidement, le 33e corps du général Pétain, au centre, et le 21e corps, au nord, s'enfoncent dans les lignes allemandes. L'attaque menée au sud marque très nettement le pas. Les 15e et 17e corps subissent des pertes sévères pour des gains insignifiants.

## Les raisons d'un échec

La progression du 33e corps de Pétain, bien que victorieuse, est symptomatique de l'échec final de l'offensive, dû au manque de préparation et de réflexion, mais également au fait que les officiers en charge ne sont pas déployés en première ligne. Ils sont donc tributaires des comptes rendus qui leur parviennent souvent avec retard et de manière parcellaire. La division marocaine, fer de lance du 33e corps, effectue une percée fulgurante. À 11 h 00, soit une heure après le début de l'attaque, elle a déjà progressé de plus de 2 kilomètres et poursuit son avance sans rencontrer

### Les Stollen

Dès le début de la guerre de position, les Allemands se montrent beaucoup plus empressés que les Français et les Britanniques à fortifier leur position. D'un point de vue psychologique, la chose est fort compréhensible : les Allemands entendent s'installer, les Alliés ne souhaitent pas que l'occupation dure. Aussi, si du côté français, les tranchées sont assez rudimentaires, côté allemand, des systèmes de tranchées bien étayées sont encore renforcés par la présence d'abris souterrains très profonds, les Stollen, invulnérables aux tirs d'artillerie.

de véritable opposition. Le général commandant la division demande, dès 11 h 00, l'envoi de renforts pour exploiter la brèche et fortifier la position. Mais les éléments de réserve n'ont pas été mis en alerte et se trouvent à plus de 8 kilomètres en arrière, alors qu'il eut fallu les déployer en première ligne dès les premières vagues parties. Ils n'atteignent finalement la pointe de l'attaque que vers 15 h 00, trop tard : les Allemands ont déployé des réserves pour parer la menace.

## Reprise des offensives

L'effet de surprise est passé. Les troupes françaises et britanniques ne sont pas parvenues à provoquer l'effondrement escompté. Les attaques se poursuivent jusqu'au 15 juin, qui ne permettent que de consolider les gains sans augmenter l'étendue de la progression.

Malgré tout, les gains territoriaux sont appréciables : sur 8 kilomètres de front, les troupes alliées sont parvenues à s'enfoncer sur près de 3 kilomètres de profondeur, obligeant l'ennemi à engager des réserves nombreuses pour colmater la brèche. Mais les Français ont perdu plus de 100 000 hommes, tués, blessés et disparus.

À l'été 1915, l'état-major français décide de tenter l'exploitation de ces gains par une nouvelle offensive. Dix-huit divisions sont réunies pour effectuer une nouvelle percée que l'on espère décisive. Le 19 septembre, c'est le début de la préparation d'artillerie. L'attaque proprement dite débute le 25 septembre. Le climat est hélas peu propice. La pluie transforme le terrain labouré par les obus en véritable bourbier. Cette nouvelle offensive est d'une grande violence, car les Allemands se sont ressaisis et effectuent des contre-attaques payantes. Elle doit être arrêtée au bout de 18 jours, avec des gains relativement insignifiants au regard des effectifs engagés et des pertes subies.

Soldats français sur la cote 119, en Artois. 1915.

## Bilan

Les offensives d'Artois démontrent que les états-majors n'ont pas pris la pleine mesure du change-ment de visage de la guerre. Les armes à tir rapide et l'artil-lerie disposent d'un potentiel de destruction certain, qui s'exprime essentiellement dans le domaine défensif, obligeant les assaillants à un déploiement de force gigan-tesque pour espérer effec-tuer une percée. C'est la leçon principale de ces attaques. Elle sera tirée, tant côté alle-mand que côté allié lors des offensives de 1916, à Verdun et sur la Somme, mais imparfai-tement, comme leur issue le démontrera.

# Verdun
## L'année terrible

Fin 1915, pour les états-majors allemands et français comme britanniques, c'est l'heure du bilan. La guerre fraîche et joyeuse, qui devait se solder par une victoire rapide, s'est enlisée dans une guerre de tranchée, statique, coûteuse en vies humaines et en matériel. Les rares offensives de l'année 1915, en Champagne, notamment, n'ont donné aucun résultat tangible. Dans les deux camps, on prépare ses plans pour l'année à venir.

Côté allemand, le général Falkenhayn est en charge des opérations sur le front de l'Ouest. Ce vieux militaire au regard impénétrable a toute la confiance du Kaiser Guillaume II pour mener à bien cette offensive, que l'on espère décisive. Fin décembre, Falkenhayn a fixé son choix. Ce sera Verdun. Près d'un siècle plus tard, ses intentions exactes demeurent mystérieuses car le mémorandum de Noël 1915, dans lequel le général allemand se serait fixé comme objectif celui de « saigner à blanc l'armée française », est probablement une invention de l'après-guerre. Mais si l'on admet que son intention était celle-là, le secteur de Verdun semble l'endroit idéal pour mener une bataille d'usure. Depuis 1914, la Région fortifiée de Verdun (RFV) forme un saillant sur la rive droite de la Meuse, que l'on peut donc attaquer depuis plusieurs directions. Il est par ailleurs très mal desservi côté français, puisqu'une seule ligne de chemin de fer, étroite, reliant Bar-le-Duc à Verdun, peut permettre d'y acheminer rapidement des renforts et du matériel. Sur le plan symbolique, la ville de Verdun est aussi importante. C'est là que Charlemagne a partagé son Empire, et les forts qui protègent la ville, dont celui de Douaumont, sont un sujet de fierté nationale en France.

### L'attaque est déclenchée

Depuis 1914 et la chute des forts belges, l'état-major français considère cependant que les forts ont fait leur temps. La plupart d'entre eux ont d'ailleurs été, dans le plus grand secret, privés de leur artillerie, ce qu'ignorent les Allemands. Falkenhayn a prévu une attaque sur un front de 7 km, sur la rive droite de la Meuse. Six divisions d'infanterie, soutenues par un millier de pièces de tous calibres, dont des obusiers de 420 mm, doivent s'emparer dans les meilleurs délais du terrain qui les sépare de la ville de Verdun, soit une petite quinzaine de kilomètres. Face à eux, deux divisions

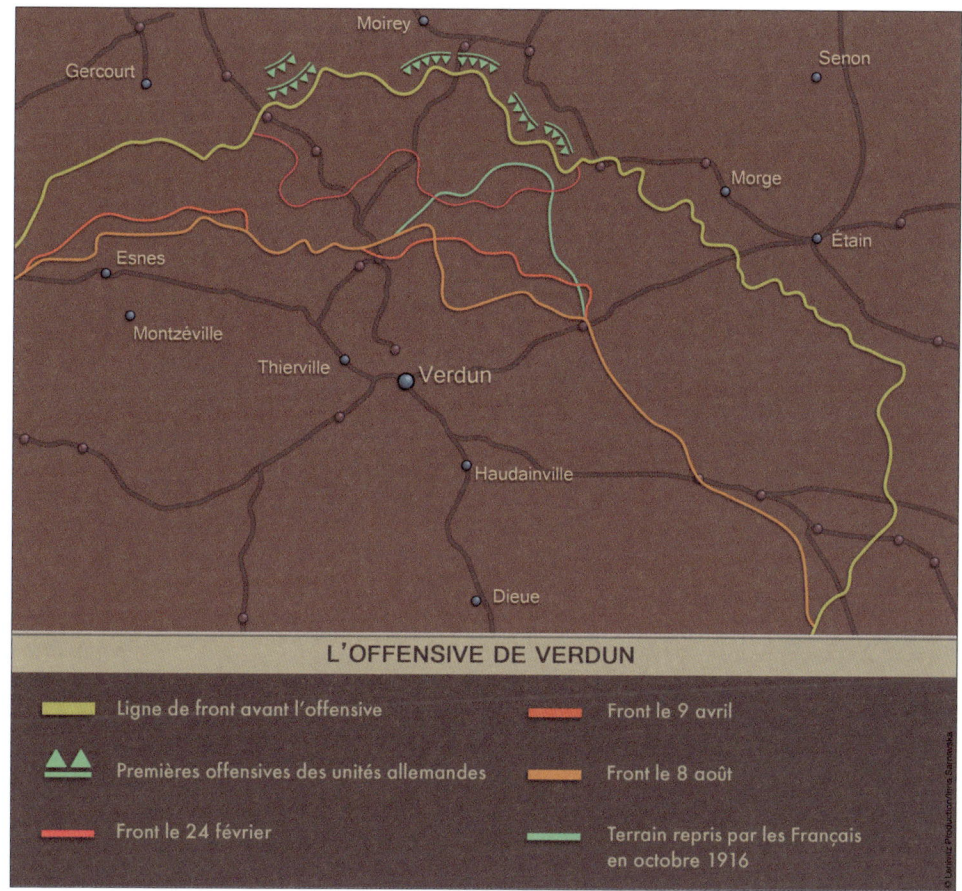

## L'OFFENSIVE DE VERDUN

- Ligne de front avant l'offensive
- Premières offensives des unités allemandes
- Front le 24 février
- Front le 9 avril
- Front le 8 août
- Terrain repris par les Français en octobre 1916

### Le général Falkenhayn

Le général Falkenhayn (1861-1922) est, de février à août 1916, le responsable allemand des opérations sur le front de l'Ouest et l'architecte de la bataille de Verdun. Souhaitait-il réellement y attirer l'armée française pour l'écraser, espérant des pertes minimes côté allemand ? Il est clair qu'il sous-estima l'ampleur de la tâche, car il fut rapidement contraint d'y engager de plus en plus de divisions. Mais ce mythe de la « saignée à blanc » voulue par Falkenhayn est aujourd'hui contesté. Falkenhayn a peut-être voulu justifier son échec devant Verdun par cette pirouette sanglante : Verdun ne tomba pas, parce que les Allemands ne voulaient pas prendre la ville.

françaises, déployées dans des tranchées peu profondes et manquant souvent de barbelés.

Le 21 février 1916, l'attaque commence par un bombardement d'une violence telle qu'il est audible à plus de 200 km. Après un pilonnage de près de huit heures, vers 17 h, l'infanterie allemande sort de ses abris. On a affirmé aux soldats allemands qu'ils ne rencontreraient aucune résistance. Mais rapidement, dans les cratères et le sol ravagé par les obus, des soldats français se dressent et livrent bataille, avec l'énergie du désespoir. Ils ne peuvent que retarder la marche. En trois jours, la progression allemande est spectaculaire : près de 5 km. Le fort de Douaumont, défendu par une compagnie de territoriaux, tombe sans combattre le 24 février. La ville de Verdun est à présent menacée et, côté français, il convient de réagir vite.

## Pétain est nommé

Le 25 février, Joffre décide de nommer le général Pétain, un défensif, à la tête du secteur. Ne comprenant pas pourquoi les Allemands n'ont pas attaqué sur la rive gauche, il y déploie toutes les batteries d'artillerie qu'on veut bien lui allouer pour prendre les Allemands en enfilade et parvient, en quelques jours, à endiguer leur avance. Sa tâche est facilitée, puisque l'infanterie allemande a progressé si vite que son artillerie lourde est à présent hors de portée pour la soutenir. Le Kronprinz, fils

## Le lance-flammes

Conçu au début du XXᵉ siècle et d'abord développé en Allemagne, le lance-flammes est constitué d'un cylindre contenant du gaz sous pression et un dérivé de pétrole. De ce cylindre sort un tube pourvu d'un obturateur permettant de libérer le gaz, qui propulse le liquide dans le tube, ce dernier étant enflammé à sa sortie par une veilleuse. La portée maximale est de 20 m environ. Cette arme est particulièrement adaptée à la guerre de tranchées et à l'attaque de casemates et de fortins, mais s'avère dangereuse pour ses utilisateurs : une seule balle heurtant le cylindre provoque son explosion (et la mort affreuse de l'homme qui le transporte) et, de part et d'autre, il est fréquent que les servants de cette arme soient exécutés s'ils sont pris.

du Kaiser, en chargé théorique du secteur, demande et obtient que le front s'étende à la rive gauche de la Meuse. C'est chose faite le 6 mars, et les Allemands remportent des succès notables, se rapprochant des éminences du Mort-Homme et de la cote 304. De nouveaux renforts expédiés côté français permettent de rétablir la situation. Le 1ᵉʳ mai 1916, le général Pétain est

placé à la tête du groupe d'armées Centre, en charge du secteur de Verdun. C'est là que le général va pouvoir superviser la noria, ce va-et-vient de camions chargés de matériel et d'hommes en direction du front de Verdun, empruntant cette route élargie par le génie, et entrée dans l'histoire sous le nom de Voie sacrée. Les prouesses logistiques des Français vont avoir un impact décisif sur le cours des opérations.

## La contre-offensive française

Sur le front de Verdun, le général Mangin, un offensif, a remplacé Pétain. Dès le 2 mai, il tente de reprendre Douaumont. Mal préparée, cette attaque échoue, avec des pertes sévères. Les Allemands reprennent alors l'offensive et s'emparent du Mort-Homme. Le 1ᵉʳ juin, c'est le fort de Vaux qui tombe et à la fin du mois, de nouvelles troupes allemandes tentent d'emporter la décision sur la rive gauche. Les pertes sont sévères de part et d'autre. Le front se stabilise. Fin août, Falkenhayn est limogé et son remplaçant, Hindenburg, décide d'opter pour la défensive.

Mais les Français préparent leur contre-offensive grâce, notamment, à de nombreuses troupes coloniales. Le 24 octobre, Douaumont est repris, puis Vaux. Le 15 décembre, une dernière poussée française, massive, permet de rétablir la situation et ramène presque les Allemands sur leurs lignes de départ. La bataille de Verdun est terminée.

Tranchée française de première ligne sur la bataille de Verdun. 1916.

## Bilan

La bataille de Verdun demeure un symbole, celui de la guerre des tranchées, brutale, abominable, impersonnelle.
De très nombreux soldats français et allemands sont morts sans avoir jamais vu l'ennemi, écrasé par les obus. La bataille de Verdun est en effet, et avant tout, une gigantesque bataille d'artillerie : les deux premiers jours de l'offensive, deux millions d'obus sont tombés sur les positions françaises. Au total, les Allemands perdent 300 000 hommes, tués, blessés et disparus ; les Français, 375 000. Une véritable boucherie, pour un résultat territorial nul.

# La Somme
## L'offensive britanique

Fin 1915, les Alliés se sont réunis à la conférence de Chantilly. Britanniques, Français, Italiens et Russes se sont entendus pour effectuer, entre la fin du printemps et le début de l'été, plusieurs offensives qui, tout en n'étant pas simultanées, seront assez rapprochées pour empêcher Allemands et Autrichiens de transférer des troupes d'un front à l'autre. Les Russes attaqueront en Galicie, au sud des marais du Pripet. Les Italiens poursuivront leur offensive sur l'Isonzo. Britanniques et Français attaquent de part et d'autre de la Somme, avec seize corps d'armées et le soutien de plus de 500 pièces d'artillerie.

Naturellement, l'offensive de Verdun vient bouleverser les plans. Le général Joffre, qui commande les armées françaises, ne souhaite pas renforcer ce front, mais devant la menace, il doit se résoudre à distraire une partie des forces qu'il comptait employer sur la Somme afin d'éviter la chute de Verdun. Le principe d'une offensive sur la Somme a été définitivement fixé le 14 février, une semaine avant l'attaque allemande à Verdun. L'attaque franco-britannique doit débuter le 1er juillet, sur un front relativement élargi, près de 70 km (soit dix fois plus que le front initial). Les objectifs des Alliés sont Bapaume, Péronne, Ham, puis Cambrai. On espère ainsi contourner les armées allemandes et les encercler en rejoignant la Manche ou la mer du Nord, à moins que celles-ci ne préfèrent décamper sous la pression.

Deux armées françaises et trois armées britanniques doivent participer à cet assaut. En face d'elles, les effectifs allemands sont très limités : une seule armée. Mais elle peut s'appuyer sur un réseau fortifié d'une très grande densité, avec des abris très profonds et protégés des obus de plus gros calibre, des tranchées profondes et des casemates bétonnées, devancées par un réseau de barbelés extrêmement dense.

### Une préparation de dix jours

Le 20 juin, Britanniques et Français débutent le bombardement préliminaire. Il va durer dix jours et, comme à Verdun, s'avérer très décevant,

## Un homme : le général Haig

Le général Haig (1861-1928) participe à la guerre des Boers puis à l'élaboration du Corps expéditionnaire Britannique, envoyé en Europe en 1914. Placé sous les ordres du général en chef britannique French, il le remplace en décembre 1915 et porte une lourde responsabilité dans l'échec de l'offensive de la Somme, s'étant entêté à poursuivre une campagne manifestement vouée à l'échec.

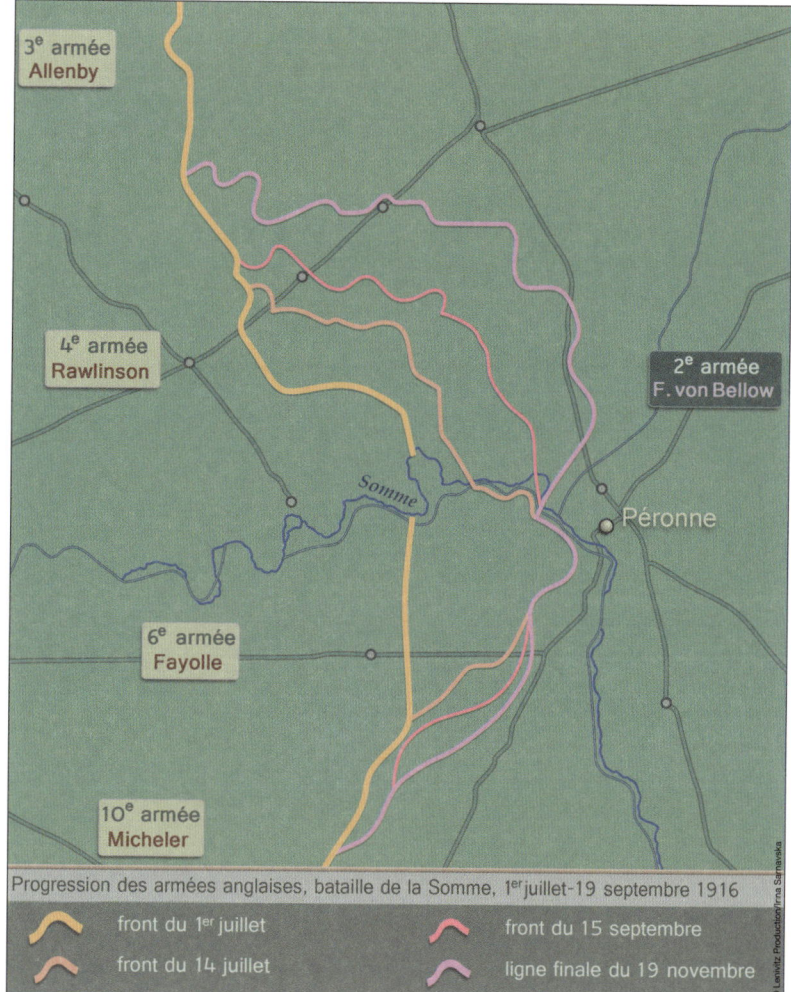

Progression des armées anglaises, bataille de la Somme, 1er juillet-19 septembre 1916

front du 1er juillet

front du 14 juillet

front du 15 septembre

ligne finale du 19 novembre

l'essentiel du réseau fortifié allemand y survit. Le 1er juillet, comme prévu, à 7 h 30, les Britanniques quittent leurs lignes de départ et lancent l'assaut, suivis, à 9 h 30, par les Français. Le général Haig, qui commande aux forces britanniques, avait promis à son état-major que si les succès n'étaient pas manifestes dès le premier jour, il ferait immédiatement cesser l'attaque. Malheureusement pour ses hommes, il n'en fait rien. Le 1er juillet au soir, les Britanniques ont déjà perdu 60 000 hommes (tués, blessés et disparus) sur les 140 000 engagés, un véritable désastre, pour une progression de moins de 1 km. La boucherie est rendue plus atroce encore par la pratique des « Pal's bataillons » mis en place en Angleterre et dont le slogan exprime bien le mode de fonctionnement : « Engagez-vous ensemble, combattez ensemble. » Des amicales d'ouvriers, des hommes issus d'un même quartier ou d'un même village se sont ainsi retrouvés versés dans une seule unité. Lorsqu'elle est décimée, c'est parfois les trois quarts de la population mâle d'un village qui est anéantie en quelques heures, avec les traumatismes qu'on imagine pour les familles.

## L'assaut se poursuit

Le 2 juillet, l'assaut reprend donc de plus belle et les Britanniques ne parviennent pas à progresser. Les Français, en revanche, font des progrès notables et prennent Herbécourt, Frise puis Assevillers. Une reconnaissance permet même d'atteindre Flaucourt, au-delà de la deuxième ligne allemande, sans rencontrer de résistance. La percée est donc effectuée. Le général qui commande le secteur demande à ses supérieurs la permission de poursuivre immédiatement son mouvement. On lui ordonne de demeurer sur place et d'attendre des renforts. Lorsqu'il reçoit enfin le

### Les chars d'assaut

Dès le mois d'octobre 1914, des ingénieurs britanniques commencent à travailler sur un prototype de véhicule susceptible d'être employé à percer les lignes fortifiées ennemies. Blindé, pourvu de chenilles pour se déplacer sur un terrain accidenté, armé de canons ou de mitrailleuses, il reçoit bientôt le nom de code « tank » (« réservoir » en anglais). Les premiers prototypes sont de véritables mastodontes, pesant 30 tonnes et embarquant un équipage de huit hommes. Lors de l'offensive du 15 septembre 1916, le général Haig exige d'engager les 60 modèles disponibles, qui ne sont pas encore au point. Leur lenteur et leur propension à tomber en panne provoqueront leur échec.

feu vert, le 5 juillet, il est trop tard : les Allemands ont colmaté la brèche. Une deuxième armée vient renforcer la première déjà présente et la résistance s'intensifie.

Une nouvelle offensive française débute, le 14 juillet, en direction du sud, mais ne donne pas plus de

résultats que l'offensive britannique, renouvelée le 15 juillet.

## L'apparition des chars d'assaut

Le mois d'août voit de nouvelles offensives menées côté français. Les Allemands, très éprouvés par la bataille de Verdun, se contentent de défendre sans jamais pouvoir prendre l'initiative.

Début septembre, une nouvelle campagne alliée se prépare, qui commence le 12 septembre avec une attaque couronnée de succès pour les Français. Bouchavesnes tombe entre leurs mains et une nouvelle brèche est effectuée dans le front allemand. Mais, comme au début de juillet, le haut-commandement français tergiverse et laisse passer l'occasion. Lorsqu'il se ressaisit, les Allemands se sont suffisamment renforcés pour refermer la brèche.

Le 15 septembre, les Britanniques attaquent eux aussi avec, pour la première fois, la présence de chars d'assaut. Mal déployés, ils ne parviennent pas à obtenir un effet décisif malgré l'effet de surprise. Les gains territoriaux sont minimes.

Après ce dernier coup de collier, les armées françaises et britanniques mettent un terme à l'offensive, de manière définitive, au début du mois de novembre.

Troupes avançant dans une forêt dévastée, pendant la bataille de la Somme, automne 1916.

## Bilan

La bataille de la Somme a duré moins longtemps que celle de Verdun, mais les pertes enregistrées de part et d'autre sont supérieures. Les Britanniques perdent 300 000 hommes, tués, blessés et disparus, les Français, 200 000. Les Allemands, quant à eux, déplorent la perte d'au moins 500 000 hommes, tués, blessés et disparus. Les Alliés n'ont progressé que d'une petite quinzaine de kilomètres, gain ridicule au regard des pertes subies. L'échec s'explique pour l'essentiel par l'attitude du haut-commandement. Les offensives de 1915 avaient été lancées avec un certain optimisme et sans guère de préparation. L'offensive de la Somme, bien préparée, a échoué par excès de prudence ; on n'a pas su exploiter les occasions d'élargir les percées quand elles se présentaient. L'utilisation, pour la première fois, de chars d'assaut sur le champ de bataille ne donne pas les résultats escomptés. Les plans des offensives prévues pour 1917 devront être intégralement revus pour laisser davantage d'initiatives aux soldats, prendre l'ennemi par surprise et tirer un meilleur parti des avancées technologiques. Mais le succès ne sera pas davantage au rendez-vous.

# Le chemin des Dames
## Une véritable hécatombe

L'année 1916 se solde par une victoire française à Verdun et par une défaite des Alliés sur la Somme. Les pertes ont été effrayantes : près d'un million d'hommes mis hors de combat de part et d'autre. L'artillerie lourde se développe côté français, de nouvelles méthodes sont mises au point et les chars d'assaut commencent à entrer en production de masse. Tout ceci laisse espérer en France qu'une victoire décisive pourra être emportée en 1917, d'autant que l'entrée en guerre des États-Unis devrait apporter un peu de sang neuf.

Le général Joffre, devant l'échec de son offensive sur la Somme, a décidé d'attaquer, en 1917, avec les Britanniques, sur le secteur de Vimy et de Reims. Mais en décembre 1916, Joffre est limogé et remplacé par le général Nivelle, qui s'est illustré lors des dernières étapes de la bataille de Verdun. Dès le mois de janvier, le nouveau général en chef s'attelle à la tâche prévue par son prédécesseur. Mais la préparation, massive, a donné l'alerte et les Allemands, dont les troupes sont dans le secteur de Reims, déployées en un saillant, ont choisi de raccourcir leur front. Ils ont, pour cela, dans le plus grand secret, aménagé une ligne très fortifiée, la ligne Hindenburg, pourvue de casemates bétonnées et de grands abris souterrains, les Stollen, capables de résister à un pilonnage intensif. Les troupes n'auront qu'à en sortir lorsque les Français passeront à l'attaque.

Le 15 mars, ils abandonnent leurs anciennes positions. L'investissement de la ligne Hindenburg est effectif le 19 mars. Ce redéploiement est effectué avec une telle discrétion que les Alliés mettent près de trois semaines à se rendre compte de son ampleur. Pour les Français, le coup est rude. Il faut revoir les plans, redéployer les troupes et le matériel, recréer des positions de départ, sous la menace de l'ennemi. Le front a été considérablement réduit et il n'y a plus de saillant à exploiter. Faut-il donc vraiment lancer cette attaque ? Le général Nivelle et son bras droit, le général Mangin, partisans de l'offensive à outrance, en sont persuadés. Fin mars 1917, leur plan, à peine modifié, est prêt.

### Le terrain et les forces en présence

Les troupes françaises vont s'élancer

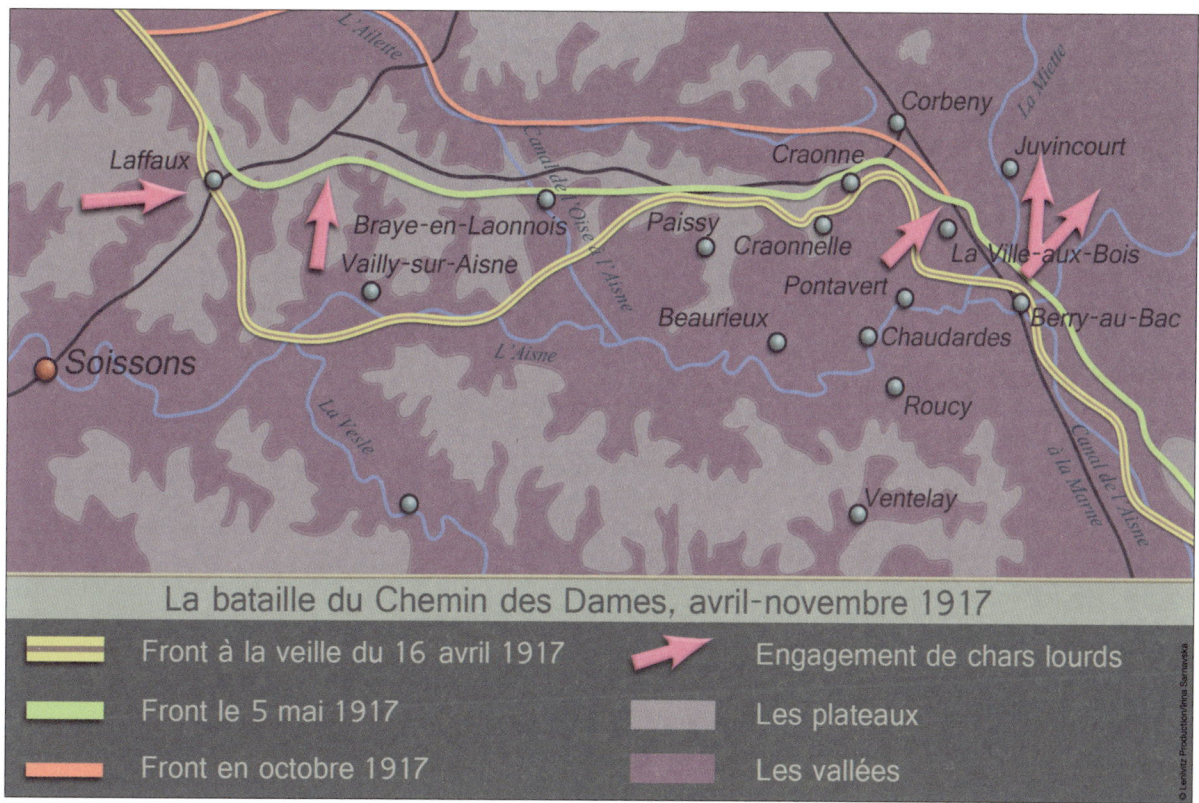

La bataille du Chemin des Dames, avril-novembre 1917

| | |
|---|---|
| Front à la veille du 16 avril 1917 | Engagement de chars lourds |
| Front le 5 mai 1917 | Les plateaux |
| Front en octobre 1917 | Les vallées |

sur la nouvelle position tenue par les Allemands sur le chemin des Dames, sur le plateau de Craonne. C'est un plateau calcaire, situé entre l'Aisne au sud et l'Ailette au nord. Les Allemands l'occupent depuis trois ans et l'ont transformé en forteresse et en observatoire. Ils n'ignorent donc rien des préparatifs français. Mais leur position leur semble si forte qu'ils vont se laisser tout de même

### Le général Nivelle

Le général Nivelle (1856-1924), artilleur de formation, est nommé en remplacement du général Pétain sur le secteur de Verdun, une fois la situation stabilisée. Porté sur l'offensive, il remplace bientôt Joffre à la tête des armées française. Maître d'œuvre de l'offensive du chemin des Dames, il y perdra sa réputation. Le « boucher » de Craonne finira la guerre en Afrique du Nord.

surprendre, tant une percée en ce point semble irréaliste. C'est d'ailleurs l'un des paris de l'état-major français : attaquer un point manifestement imprenable. Vraiment imprenable, hélas.

Le déploiement des troupes est pourtant formidable. Quatre armées françaises vont participer à l'attaque, dont la 6e armée du général Mangin, forte de 17 divisions dont de très nombreuses troupes coloniales, qui forment son fer de lance. Avant la guerre, le général Mangin s'est fait le farouche partisan de la force noire, représentée par les populations africaines dont il estime qu'elles sont redevables à la France et doivent faire montre de leur attachement à la patrie en versant leur sang.

Au total, les Français déploient plus de 800 000 hommes, soutenus par 2 500 pièces de campagne (75 mm) et un nombre égal de pièces lourdes, allant du canon de 122 mm à la pièce de siège de 420 mm. Plus de 180 chars lourds sont engagés. En face : 14 divisions allemandes, bien protégées, avec le double de troupes en réserve.

## Une attaque sur un vaste front

L'attaque doit être lancée le 16 avril au matin sur un front de 30 km. Les troupes françaises devront gravir les pentes fortifiées du plateau de Craonne, précédées par un pilonnage intensif, lui-même suivi d'un barrage roulant, les tirs de l'artillerie

### Les mutineries de 1917

Les généraux ont voulu voir, dans les mutineries de 1917, la main des bolcheviques et la contagion révolutionnaire. Mais la majorité des mutins, dont les meneurs, sont des soldats patriotes et souvent très décorés. Ils ne contestent pas tant la guerre que la manière dont elle est menée par les généraux. La « Chanson de Craonne », chanson des mutins, est devenue le symbole de leur révolte. Témoignage de la méfiance qui régna longtemps à l'égard des hommes qui l'entonnèrent, elle fut interdite de diffusion jusque dans les années 1970…

progressant comme un rideau en avant des troupes françaises parties à l'assaut. Une fois le plateau pris et la ligne du chemin des Dames enfoncée (ce qui devrait pouvoir être obtenu en 24 heures), une des armées françaises, placée en réserve, exploitera la brèche et provoquera l'effondrement complet du front allemand. Les troupes françaises doivent être sur l'Ailette le 16 avril au soir, le lendemain, la cavalerie doit avoir dépassé Laon et, quatre jours après, les armées françaises doivent être sur la Somme.

Au sein de la troupe, cette offensive a été vantée comme le dernier coup de collier,

le suprême effort, qui va permettre de mettre un terme à la boucherie et le retour au foyer des poilus. Le 12 avril, le barrage commence, intensif : 500 obus sont tirés par minute entre le 12 et le 15 avril !

## L'attaque commence

Le 16 avril, à 6 h 00 du matin, les troupes d'assaut quittent leurs tranchées. Selon le député Ybarnegaray, « l'attaque débuta à 6 h 00. À 7 h 00, la bataille était perdue ». Les soldats doivent gravir des pentes boueuses et parfois recouvertes de neige en montant à l'assaut du plateau. Le tir de l'artillerie, peu précis, n'a pas eu l'effet escompté. En certains endroits, les soldats ne parviennent même pas à sortir de leurs positions. La 10e division coloniale, forte de 12 000 hommes, perd 5 000 hommes en quelques heures. À 9 h 00, les chars s'élancent. Ils s'embourbent et sont détruits un à un par l'artillerie allemande quand ils ne tombent pas en panne. À la fin de la journée, les pertes se chiffrent en milliers de morts. Les gains territoriaux sont nuls. Mais Nivelle et Mangin, contrevenant aux instructions du pouvoir civil, contraignent leurs soldats à repartir à l'assaut. La boucherie se poursuit. Le 20 avril, on suspend enfin cette folie. Mais l'offensive reprend le 4 mai, qui cesse le 8 mai : les premières mutineries ont éclaté. Le 15 mai, Nivelle est limogé et remplacé par Pétain. L'offensive du chemin des Dames est terminée.

Arrivée de la relève française à Craonnelle (Aisne). Fin 1917.

## Bilan

Pour les Français, la bataille du chemin des Dames est catastrophique. On estime les pertes à 200 000 hommes en deux mois, un taux de pertes supérieur à celui de la Somme. Surtout, des mutineries ont éclaté dans l'armée française. Une cinquantaine de régiments sont touchés, les mutins sont des milliers. Plus de 3 500 d'entre eux sont condamnés, dont environ 500 à mort. Seuls 49 seront officiellement exécutés. Le calme revient, grâce à l'octroi de permissions plus régulières et à l'amélioration des conditions de vie du soldat. Mais l'offensive du chemin des Dames a creusé un fossé définitif entre la troupe et les généraux.

# À l'ouest
## Les grandes offensives allemandes

L'année 1917 n'a pas vu les armées allemandes effectuer des offensives de grande envergure à l'ouest. À l'est, la révolution bolchevique a mis à mal l'armée russe et a provoqué son effondrement. Le 15 décembre 1917, un armistice a été conclu entre l'Allemagne et la Russie. Il est confirmé par la paix de Brest-Litovsk, signé le 3 mars 1918. Ce traité est une aubaine pour l'état-major allemand, puisqu'il libère d'importantes quantités de troupes, ce qui peut permettre de se lancer dans une nouvelle opération d'envergure à l'ouest, afin d'éviter que la position des Français et des Britanniques, à présent renforcés par un contingent américain de plus en plus important, ne leur permette de passer à l'assaut et d'écraser une armée allemande exsangue.

Le grand état-major allemand se prépare donc à lancer un assaut de très grande envergure sur le front de l'Ouest. On avait, jusqu'alors, privilégié les attaques concentrées et ciblées sur un petit secteur. Cette fois, les Allemands optent pour une série d'opérations sur toute l'étendue du front. Ils choisissent également de frapper sur des secteurs tenus généralement par des armées de différentes nationalités, afin d'exploiter le manque de coordination entre les Français, les Britanniques et les Américains, qui s'est déjà manifesté par le passé. Les réserves, nombreuses, sont disséminées afin de pouvoir renforcer un éventuel succès et de l'exploiter au plus vite, au lieu de s'entêter dans une attaque qui ne déboucherait sur rien.

### L'opération Michael

Le premier assaut à lieu le 21 mars. L'opération Michael débute en Picardie. Contrairement aux usages en vigueur, les Allemands ont réduit le bombardement préliminaire à un pilonnage bref, comptant sur l'effet de surprise. Les obus percutants, les fumigènes et les gaz de combat obscurcissent le champ de bataille, et l'attaque commence avant même que les Britanniques, qui tiennent le secteur, n'aient eu le temps de se préparer. C'est une véritable débandade, comme on n'en a jamais vu sur le front de l'Ouest depuis 1914. 160 000 Britanniques sont mis hors de combat et les Allemands progressent sur plus de 50 km de profondeur, en quelques jours.

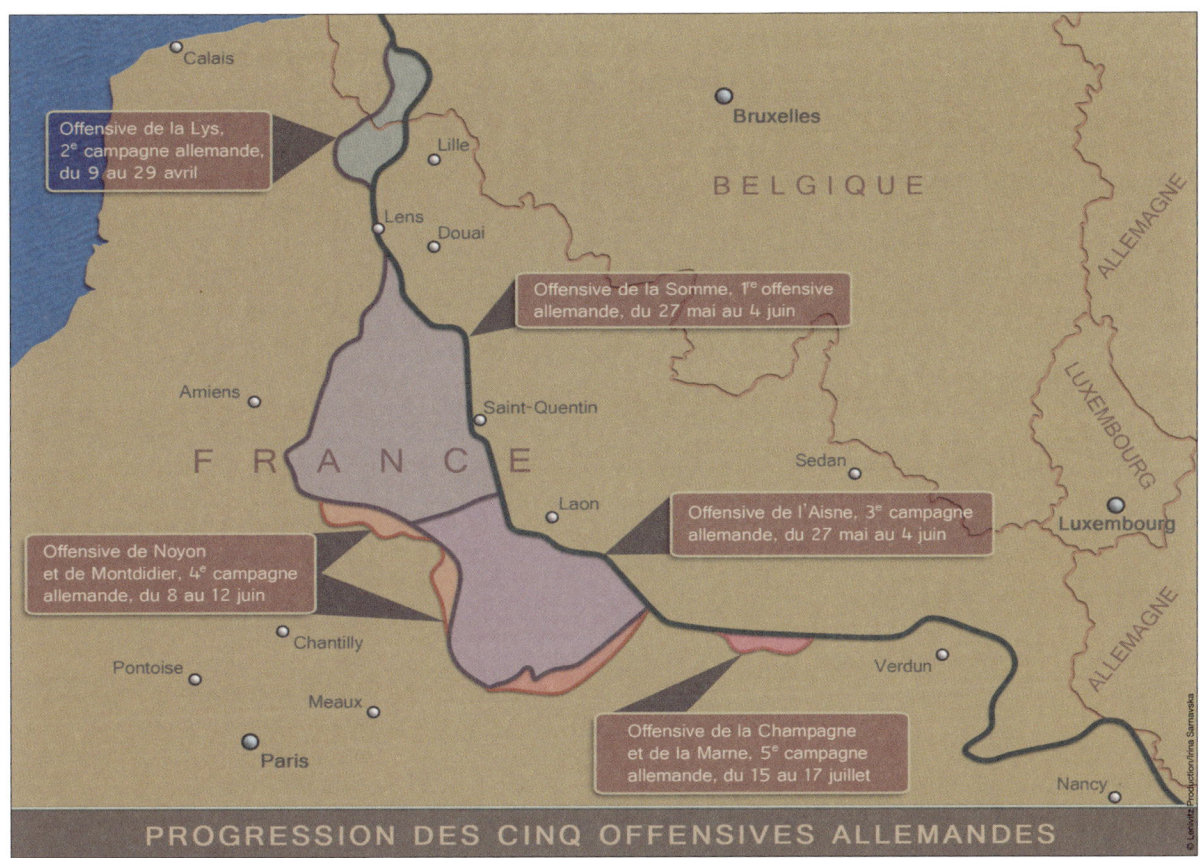

Calais

Offensive de la Lys,
2e campagne allemande,
du 9 au 29 avril

Lille

Bruxelles

BELGIQUE

Lens
Douai

Offensive de la Somme, 1re offensive
allemande, du 27 mai au 4 juin

ALLEMAGNE

Amiens

Saint-Quentin

F R A N C E

Sedan

LUXEMBOURG

Laon

Offensive de l'Aisne, 3e campagne
allemande, du 27 mai au 4 juin

Luxembourg

Offensive de Noyon
et de Montdidier, 4e campagne
allemande, du 8 au 12 juin

ALLEMAGNE

Chantilly

Pontoise

Verdun

Meaux

Paris

Offensive de la Champagne
et de la Marne, 5e campagne
allemande, du 15 au 17 juillet

Nancy

© Leewitz Production/Irina Samarska

PROGRESSION DES CINQ OFFENSIVES ALLEMANDES

### Les Stosstruppen

À partir de 1915, l'armée allemande met sur pied des groupes de combat spécifiquement dédiés à la guerre de tranchées. Ils sont équipés d'armes automatiques, d'une importante quantité de grenades et préfèrent généralement le combat au corps à corps : haches, pelles de tranchées employées comme armes contondantes, masses d'armes cloutées et couteaux sont utilisés pour tuer l'ennemi et, avec les affreuses blessures qui en résultent, semer la panique. En 1918, ce ne sont plus des groupes mais des bataillons entiers de troupes de choc qui sont déployés, certains soldats étant équipés de plaques de protection contre les balles et les éclats d'obus. Les autres puissances utiliseront de telles troupes, comme l'évoque le magnifique film de Bertrand Tavernier sur les Corps francs, tiré du roman éponyme *Capitaine Conan*.

Le général Haig, commandant les forces britanniques, demande de l'aide à ses homologues français, qui font la sourde oreille. Pour les gouvernements de la Triple alliance, c'est la goutte d'eau qui fait déborder le vase. Le 26 mars, il est – enfin – décidé de donner un général en chef aux armées du front de l'Ouest. Géographie oblige, c'est le général Foch qui est choisi. Lui qui, quelques jours auparavant, avait refusé de tendre la main aux Britanniques, leur alloue à présent de maigres renforts.

Fort heureusement, ils suffisent à arrêter la poussée allemande. Car Ludendorff, au lieu d'avancer vers le sud et Paris, a choisi d'attaquer Arras, particulièrement bien défendue. Fin mars, l'offensive est arrêtée et les deux armées ennemies se retranchent sur la nouvelle ligne de front.

## Nouvelle offensive

Le 27 mai, les Allemands lancent une nouvelle offensive, dans l'Aisne, non loin du chemin des Dames. Le bombardement est ici plus dense et utilise une grande quantité d'obus chimiques d'un nouveau modèle. Le bombardement terminé, les Allemands passent à l'assaut et, comme en Picardie, provoquent un début de panique chez les Français. La poussée leur permet, le 15 juin, d'atteindre Château-Thierry. Ils ne sont désormais plus qu'à 70 km de Paris et, chez les Alliés, on s'in-

### Le maréchal Foch

*« Depuis que j'ai commandé une coalition, j'admire beaucoup moins Napoléon »*, aurait dit le général et futur maréchal Foch (1851-1929). Général d'armée au début de la guerre, Foch se voit confier, en mars 1918, le commandement de toutes les troupes alliées déployées sur le front de l'Ouest. D'un caractère difficile, mais résolu et donc parfaitement adapté à ce rôle de chef d'orchestre devant parfois trancher dans le vif, ce Tarbais, ancien directeur de l'École de guerre, peut pour la première fois coordonner les actions de toutes les troupes. Cela n'ira pas sans provoquer de nombreuses frictions, mais les généraux étrangers finiront toujours par se plier aux injonctions de leurs gouvernements respectifs. La création de ce poste de généralissime est pour beaucoup dans la victoire finale des Alliés.

quiète. Et on a raison : le 9 juin, c'est une nouvelle offensive allemande qui débute, vers Compiègne et dans le secteur de Verdun où, pour la première fois, s'illustrent des soldats américains, à Saint-Mihiel et au Bois-Belleau. Cette offensive allemande est un échec, car

elle a été mal préparée. Elle est suivie, le 15 juillet, par une nouvelle attaque que les Allemands ont appelé avec morgue la Friedensturm, « l'offensive de la Paix », celle qui doit leur permettre de gagner la guerre. C'est une nouvelle bataille de la Marne, en direction de Reims et de Sainte-Ménehould. Si l'offensive de Champagne est un échec, l'attaque au sud de Verdun, vers Saint-Mihiel, s'avère très dangereuse. Ludendorff est persuadé que la victoire est à portée de main et continue d'engouffrer des troupes dans cette offensive. Ce faisant, il se prive des moyens de faire face à la contre-attaque que Foch prépare depuis plusieurs semaines.

## Contre-attaque alliée

Le 18 juin, les 10e et 6e armées françaises passent en effet à l'offensive, précédées par un barrage roulant d'artillerie et accompagnées par de nombreux chars d'assaut. Des soldats américains et italiens participent également à cette offensive. En deux jours, les Alliés font plus de 15 000 prisonniers allemands et, dans la nuit du 18 au 20 juin, ils n'ont pas d'autre choix que de repasser la Marne, sans quoi près de 12 divisions se trouveraient prises dans une nasse. Mais les Alliés poursuivent les Allemands l'épée dans les reins et, le 2 août, reprennent Soissons, dont la conquête met un terme provisoire à l'offensive.

Ferdinand Foch (1851-1929), maréchal de France.

## Bilan

Les grandes offensives allemandes de mars à juillet 1918 sont un véritable tournant de la guerre. Si les Allemands ont pu progresser et s'enfoncer parfois profondément dans le dispositif des Alliés et se rapprocher dangereusement de Paris, ils ne sont jamais parvenus à percer malgré les renforts dont ils disposaient. Leur armée est à présent à bout de force et a perdu plus de 300 000 hommes. Le danger a provoqué une grande panique en France et un généralissime des armées alliées a enfin été nommé, ce qui aura des effets décisifs. L'offensive alliée de juillet prend les Allemands totalement au dépourvu et ils s'avèrent incapables de s'y opposer efficacement. À dater du mois d'août 1918, ils ne feront plus que subir, jusqu'à l'acte de capitulation.

septembre
## 1918

# Macédoine
## Le début de la fin

En octobre 1915, prenant trop tardivement conscience du péril dans lequel se trouve l'armée serbe et comme le débarquement de Gallipoli ne donne rien, Français et Britanniques débarquent un corps expéditionnaire à Salonique, en Grèce. Il a pour mission première de venir en aide aux Serbes, malmenés par les Autrichiens et pris en tenaille par les Bulgares, entrés en guerre aux côtés des Centraux.

Petit à petit, le corps expéditionnaire s'étoffe de troupes venues de nombreuses nations alliées : Britanniques, Français, dont beaucoup de coloniaux, soldats italiens, grecs et serbes. Mais les effectifs engagés sont faibles et le secteur, très accidenté, ne permet pas aux belligérants de fournir du matériel en quantités suffisantes pour mener des opérations d'envergure. Tandis que les autres fronts sont de véritables hauts-fourneaux, en matériel et en vies humaines.

### La nomination de Franchet d'Espèrey

Le 18 juin 1918, le commandement de cette force hétéroclite est confié au général Franchet d'Espèrey. La situation est alors assez contrastée pour les Alliés. Si, sur le front de l'Est, la Russie est définitivement hors course, les offensives allemandes de mars 1918 ont échoué et les Alliés sont parvenus à stabiliser, de nouveau, le front de l'Ouest. Le front des Balkans est perçu en France comme un excellent moyen d'exercer une pression envers l'Autriche-Hongrie, dont la volonté de cesser le combat est de plus en plus manifeste.
Mais avant d'attaquer l'Autriche, il convient de vaincre les armées germano-bulgares qui font face aux armées d'Orient et occupent le nord de la Grèce et une immense partie de la Serbie.

Les objectifs fixés au général français sont relativement modestes : contraindre les Bulgares à reculer et à abandonner le terrain conquis. Mais une tournée d'inspection de Franchet d'Espèrey le convainc qu'il est possible de viser plus loin et de provoquer une véritable destruction des armées bulgares. Pour cela, il lui faut disposer de davantage de réserves, en artillerie notamment, et réclamer plus de munitions.
Un autre problème entrave le général français, aussi sérieux que le manque d'obus : contrairement à ce qui se passe sur le front occidental, où toutes les armées sont sous les ordres du général Foch, Franchet d'Espèrey n'a pas la haute main sur les

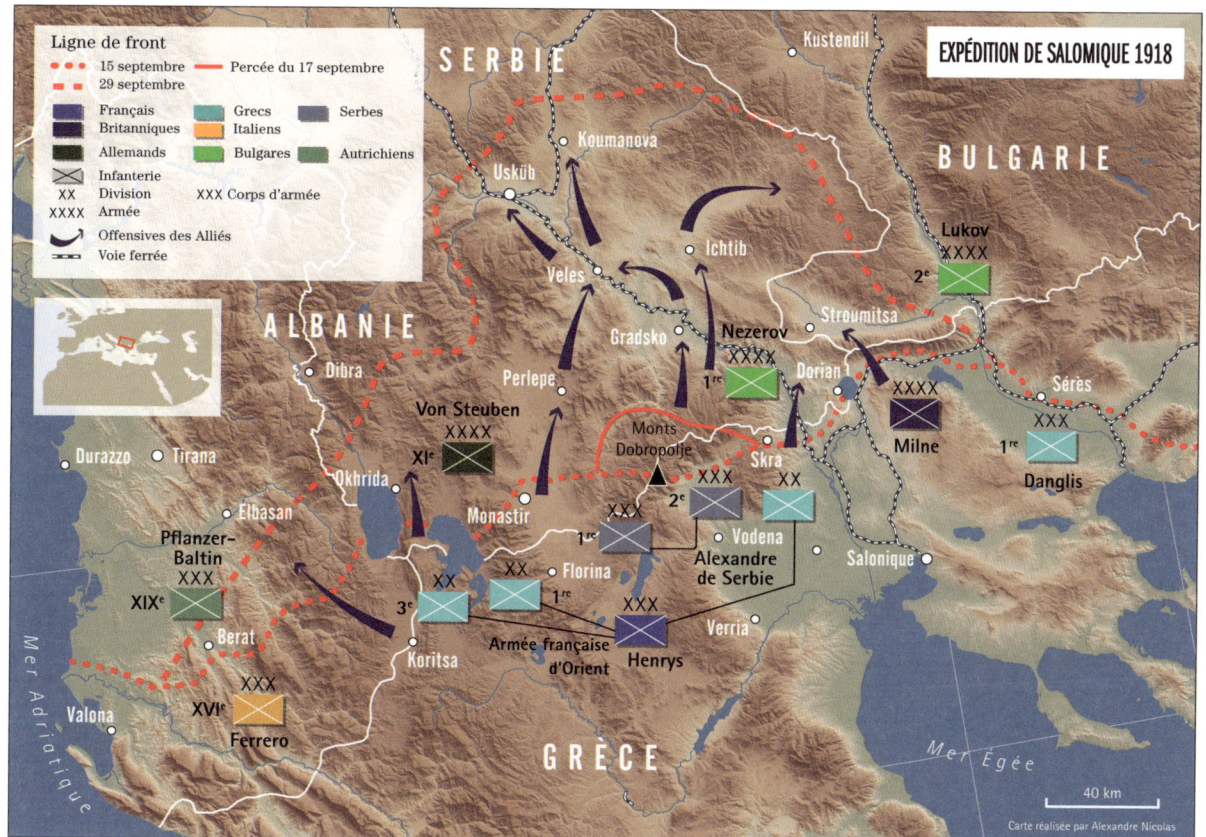

Carte réalisée par Alexandre Nicolas

troupes alliées présentes en Grèce et ne commande dans les faits qu'à l'armée française d'Orient. Or, Italiens comme Britanniques ne sont guère enthousiastes à l'idée de voir leurs troupes engagées dans une vaste offensive sur un terrain mineur. Finalement, le 10 septembre, le gouvernement italien, dernier à faire preuve de réticence, donne son accord.

## L'Armée française d'Orient

D'abord connue sous le nom de Corps expéditionnaire d'Orient début 1915 (CEO) puis des Dardanelles à l'été 1915 (CED), l'Armée d'Orient (AO) devient l'Armée française d'Orient (AFO) en août 1916. Elle s'est couverte de gloire et a joué un rôle décisif dans l'effondrement des Centraux, mais demeure encore ignorée du grand public, bien qu'ayant été mise à l'honneur dans le livre, puis le film *Capitaine Conan*.

## Une réelle disproportion de forces

Lorsque l'attaque débute, le 15 septembre, la situation est extraordinairement favorable pour les assaillants. À leurs 650 000 hommes, les Bulgares ne peuvent opposer que 45 000 hommes des I<sup>re</sup> et II<sup>e</sup> armées bulgares ainsi que de la XI<sup>e</sup> armée allemande (et dont en fait les unités allemandes ont pratiquement disparu en septembre 1918). L'Armée française d'Orient compte dans ses rangs 200 000 hommes, auxquels s'ajoutent donc quatre divisions britanniques, six divisions serbes, neuf divisions grecques et autant d'italiennes.

L'attaque principale se porte sur le massif de Dobro Polje et est confiée, prestige oblige, à la II<sup>e</sup> armée serbe. Dans la vallée du Vardar, Britanniques et Grecs doivent eux aussi passer à l'attaque pour fixer les défenseurs bulgares et les empêcher de renforcer leur centre. À l'est, l'Armée française d'Orient, conjointement avec l'armée italienne, poussent depuis la Cerna en direction de l'Albanie, avec pour objectif de séparer les deux armées bulgares de la XI<sup>e</sup> armée allemande.

La bataille principale se déroule du 15 au 17 septembre, dans le massif de Dobro Polje, très escarpé et culminant à 2 500 mètres. Les soldats bulgares y sont fermement retranchés dans des abris. La veille de l'attaque, une intense préparation d'artillerie précède l'assaut. Le terrain, rocailleux, empêche d'obtenir des résultats décisifs.

### Franchet d'Espèrey

Le général Franchet d'Espèrey (1856-1942) est un homme à part. Général énergique, il a été, entre autres choses, désigné pour commander l'Armée d'Orient. Ceci en raison de la haute estime que lui portent les Britanniques, qui le surnomment Desperate Franky (« Franky le Hargneux » – jeu de mots sur la prononciation de son nom en anglais) et Joffre, qui considère qu'il est un des responsables de la victoire de la Marne en 1914. Il sera fait maréchal de France en 1921.

## La percée, enfin !

Mais dès le premier jour de l'assaut, qui débute à 5 h 30 le 15 septembre, la percée est foudroyante. Les Français progressent eux aussi avec un bel allant.

Le haut commandement des centraux est pris totalement au dépourvu par l'ampleur de la brèche et la rapidité avec laquelle elle se creuse. Il ne dispose pas de la moindre réserve opérationnelle dans le secteur et doit donc rassembler à la hâte les unités qu'il peut économiser sur des secteurs moins exposés. Mais la brèche s'étend et dès le 17, mesure plus de 7 kilomètres de profondeur sur un front de 25 km de large.

À l'ouest, cependant, les Britanniques et les Grecs butent sur des défenses bien organisées et ne parviennent pas à percer et les Franco-Italiens ne font que des progrès mineurs. Franchet d'Espèrey décide donc de continuer d'appuyer au centre.

Le 18 septembre, la I<sup>re</sup> armée serbe se voit confier la mission de s'emparer de la ville de Prilep. Une telle pénétration ne pourrait que provoquer le repli des troupes bulgares qui empêchent les Français de s'emparer de Monastir. Le lendemain, l'attaque reprend et la brèche s'élargit, les Français parvenant enfin à franchir la Cerna.

Le 21 septembre, l'attaque reprend et, dès le 23, de nouveaux succès sont enregistrés. La I<sup>re</sup> armée serbe s'est emparée de Prilep et, le lendemain, les Français peuvent également progresser vers le nord, l'ennemi ayant décampé durant la nuit. Tranchant avec les habitudes du front de l'Ouest, Franchet d'Espèrey se rend immédiatement à Prilep pour se rendre compte de la situation et donner de nouveaux ordres d'attaque. Français et Serbes se répandent dans les vallées, bousculant des Bulgares en totale déconfiture. Les Britanniques sont parvenus à pénétrer en Bulgarie avec des effets tout aussi déterminants. Aux abois, totalement dépassé, le gouvernement bulgare doit faire face à une situation de crise qui risque de l'emporter. Le 29 septembre, à 23 h 00, un armistice séparé est conclu entre les Bulgares et les Alliés.

Campagne de Macédoine (1915-1918). Guerriers macédoniens et soldats français en Grèce.

## Bilan

En deux semaines, sur un terrain peu propice, les Alliés sont parvenus à remporter la première victoire décisive de la guerre contre les centraux : une progression de près de 130 kilomètres pour la perte de 15 000 hommes dont moins de 4 000 morts et disparus, des chiffres faibles eu égard au nombre de prisonniers effectués (90 000) et aux gains obtenus. Le lieu de l'attaque a surpris et, ces escarpements emportés, les Alliés n'ont plus eu qu'à se laisser glisser dans les vallées. Le succès est dû à l'exploitation rapide de la brèche, rendue possible par l'allant de Franchet d'Espèrey et sa présence permanente sur le front.

# Pologne
## La Deuxième Guerre mondiale commence

La Seconde Guerre mondiale s'ouvre sur une agression caractérisée de l'armée allemande contre la Pologne. En quelques semaines, et malgré la déclaration de guerre de la France et de la Grande-Bretagne à l'Allemagne, la Pologne est littéralement écrasée par l'armée allemande avant d'être poignardée dans le dos par l'URSS de Staline.

Depuis le traité de Versailles, le fameux « Diktat » dénoncé par les nazis, l'Allemagne est coupée en deux, la Prusse-Orientale étant séparée du reste de l'Allemagne par le corridor de Dantzig, territoire polonais. Après avoir remilitarisé la Rhénanie, annexé l'Autriche et dépecé la Tchécoslovaquie, Adolf Hitler a affirmé que la question de Dantzig était la dernière qu'il souhaitait voir régler.

L'été 1939 se passe en préparatifs militaires. Hitler s'est persuadé que les Britanniques ne bougeraient pas s'il venait à envahir la Pologne, mais il craint la réaction de Staline. La signature du pacte de non-agression germano-soviétique, le 23 août 1939, sonne alors comme un coup de tonnerre. Staline a pris peur. Il a craint que les Britanniques et les Français, envers qui il avait multiplié les offres d'alliance, ne s'avèrent incapables de l'aider. Il préfère donc s'entendre avec son plus grand adversaire. Quant à Hitler, il ne veut pas courir le risque d'une guerre sur deux fronts.

### On fourbit ses armes

La Pologne, située entre les deux nations signataires, s'inquiète naturellement. Elle dispose pourtant d'une armée de grande valeur, considérée en Europe comme une des meilleures. Avec ses trente divisions d'active (500 000 hommes) et les 9 divisions de réserve (qui n'auront pas même le temps d'être déployées), elle dispose de troupes en quantité et bien formées. La cavalerie, arme de prestige en Pologne, est encore très présente. Dans le domaine de l'aviation, la Pologne est par contre mal pourvue, avec environ 200 chasseurs et 200 bombardiers. Dans le domaine des blindés, c'est encore pire : la Pologne ne dispose que de chars très légers, environ 200, dont une moitié de chars Renault FT-17 qui datent

## Les lanciers polonais

Depuis les célèbres
« hussards ailés » de la
Renaissance en passant par
les chevau-légers lanciers
de la garde de Napoléon Ier,
les lanciers polonais sont
rentrés dans la légende. En
1939, la légende veut que
des lanciers polonais aient
tenté de charger des blindés
allemands, une tentative
qui, on s'en doute, ne fut
pas couronnée de succès.
Cette légende ne repose
sur aucun fait et semble
être due à la propagande
allemande. Malgré le
sacrifice qu'accomplirent de
nombreux cavaliers polonais,
aucun ne fut assez fou pour
tenter d'éperonner un char
avec sa lance !

de la Première Guerre mondiale. Si
l'armée polonaise est peu mobile,
son commandant en chef, le maréchal Ridz-Smigly, ne doute pourtant
pas d'être en mesure d'envahir l'Allemagne et de marcher sur Berlin. Il
a donc concentré ses troupes dans le
saillant de Poznan. Ce déploiement
va lui être fatal.

INVASION DE LA POLOGNE novembre 1939

LITUANIE
Mer Baltique
Vilnius
Minsk
Kœnigsberg
PRUSSE
Danzig
ORIENTALE
Grodna
URSS
XXXXX
Nord
Niemen
Slonim
XXXX
3e
POMÉRANIE
XXXX
Ar. de
Bialystok
Bug
XXXX
4e
Narew
Brest-Litovsk
A. de Modlin
Marais du Pripet
VARSOVIE
XXXX
Kutno
A. de
Poznan
XXXX
XXXX
Kovel
A. de
Lublin
Lodz
POLOGNE
XXXX
Kielce
8e
Lviv
Ternopol
XXXX
A. de
ALLEMAGNE
Cracovie
Vistule
Stryj
XXXXX
XXXX
Cracovie
Tarnow
XXXX
Sud
10e
A. des
Carpates
XXXX
CARPATES
14e
SLOVAQUIE
ROUMANIE
5 km
AUTRICHE
HONGRIE

Carte réalisée par Alexandre Nicolas

| | Ligne de démarcation 28 septembre 1939 |
| --- | --- |
| | Polonais |
| | Réserves polonaises |
| | Allemands |
| XXXX Armée | XXXXX Groupe d'armées |
| | Mouvements des troupes allemandes |
| | Mouvements des armées soviétiques |

Face à cet arsenal imposant, les Allemands peuvent aligner plus de 1 500 avions, dont une grande majorité de bombardiers, et 3 500 chars dont même les plus vétustes peuvent rivaliser avec les blindés polonais. Surtout, les près d'un million et demi de soldats sont pour certains regroupés dans des divisions blindées (sept au total) et des divisions légères mécanisées qui offrent à l'armée allemande une mobilité qui va sidérer le monde.

## La guerre commence

Le 1er septembre 1939, à 4 h 30 du matin, tirant prétexte de l'attaque par des soldats polonais d'un émetteur de radio allemand situé de l'autre côté de la frontière, à Gleiwitz (il s'agit en fait d'une mise en scène), les troupes allemandes envahissent la Pologne.
Les premiers coups de canon, tirés dans le port de Dantzig par un croiseur allemand, sont immédiatement suivis du décollage de l'aviation allemande. Bombardiers moyens et bombardiers en piqué, les fameux Stuka (abréviation de Sturzkampfflugzeuge – avions de combat en piqué) détruisent en quelques heures la majorité de l'aviation polonaise au sol, ses aérodromes, les gares, les principaux nœuds routiers et les points d'appui de l'armée. C'est un véritable chaos. Les deux principaux axes de progression des troupes allemandes

### Les Panzers allemands

le terme de « panzer » (qui signifie blindé) est rentré dans le vocabulaire. On parle ainsi de « divisions de panzers », mais la dénomination des chars allemands est plus complexe, répondant à des exigences techniques strictes, le modèle du char étant généralement figuré par une abréviation, PzKpfw, pour Panzerkampfwagen : véhicule de combat blindé. Ainsi, le PzKpfw III Ausf J est un Panzer III dont la version (J) indique des variantes du modèle original.

sont, depuis la Prusse-Orientale, en direction de Dantzig et du sud-ouest et, depuis le sud et la Slovaquie, alliée de l'Allemagne, vers le nord-est. La vitesse de pénétration des divisions blindées, fer de lance de l'assaut, prend totalement de cours l'état-major polonais qui, au bout de 4 jours, se retrouve à devoir livrer bataille à front renversé, dans ce que l'on appelle des « kesselschlacht », batailles de chaudron.
Le 14 septembre, soit moins de deux semaines après le début des hostilités, la IIIe armée allemande (Küchler)

de Prusse-Orientale et la Xe armée (Reichenau) effectuent leur jonction à 30 kilomètres à l'est de Varsovie. La majorité des troupes polonaises se trouve encerclée.

## L'agonie

Les Polonais vivent ce début de campagne comme une tragédie à double titre. Il y a naturellement le caractère brutal de l'agression. Mais le manque de réaction de leurs alliés les rend furieux. Si la France et la Grande-Bretagne ont déclaré la guerre le 3 septembre, aucun des deux pays ne se montre empressé de voler au secours des Polonais qui ont l'impression d'être abandonnés à leur sort.
Ils ne croient pas si bien dire. Car, le 17 septembre, alors que seul un miracle pourrait encore sauver l'armée polonaise, l'armée soviétique, conformément à des clauses secrètes du pacte de non-agression, envahit à son tour la Pologne depuis l'est. Cette fois, c'en est fini.
Varsovie parvient encore à tenir, au prix d'une résistance héroïque et de destructions immenses, sans compter les pertes civiles, jusqu'au 27 septembre. Mais l'affaire est d'ores et déjà entendue et la Pologne est officiellement partagée, le même jour, entre les deux vainqueurs, à l'issue d'une campagne d'un peu moins de quatre semaines.

Invasion d'une localité polonaise par les soldats allemands dans le cadre de la Blitzkrieg. Septembre 1939.

## Bilan

En quatre semaines à peine de combats, l'armée allemande a fait la démonstration de sa terrifiante puissance. Les divisions blindées, appuyées et soutenues par une aviation tactique, ont effectué des brèches profondes dans lesquelles l'infanterie motorisée s'est engouffrée sans rencontrer d'opposition. Les bombardiers lourds ont eux aussi joué un grand rôle, par des campagnes de terreur à l'encontre des populations civiles et par leurs attaques répétées contre les lignes de communication. L'impasse de la guerre de tranchées est définitivement à ranger aux oubliettes de l'histoire et la France, comme la Belgique, la Hollande et le Danemark ne vont s'en apercevoir que trop tôt. Mais cette belle réussite est également une réussite en creux. Si l'armée allemande est pourvue de blindés très modernes et bien blindés, la majorité des chars allemands sont du modèle Pz I ou II, qui vont faire les preuves de leurs limites dès la campagne de France. Par ailleurs, cette guerre, brutale et rapide est moins un choix qu'une nécessité. L'armée allemande n'a pas les moyens humains et matériels de soutenir une guerre longue. L'invasion de la Russie le démontrera avec éclat.

# Norvège
## Couper la route du fer

En décembre 1939, la « drôle de guerre » est en cours depuis quatre mois. De part et d'autre de la frontière franco-allemande, on se regarde en chien de faïence et l'on fourbit ses armes.

L'Allemagne doit faire face à un blocus maritime mis en place par la flotte britannique. La question de l'approvisionnement en matières premières des belligérants va provoquer les opérations de Norvège.

Dans l'Europe du début de l'année 1940, la majorité des États sont neutres, dont ceux de Scandinavie, et n'avaient pas participé non plus à la Première Guerre mondiale. La Finlande a été attaquée par l'Union soviétique. Cette attaque a été condamnée par la Société des Nations et les Alliés, Français comme Britanniques, songent un temps à proposer de l'aide aux Finlandais. En Allemagne, la question inquiète : si les Alliés venaient à déployer des troupes au nord de la Baltique pour aider la Finlande, ces troupes menaceraient immédiatement l'approvisionnement en matières premières de l'Allemagne et notamment le fer suédois, dont l'industrie de guerre a cruellement besoin.

Ce fer suédois transite, les mois d'hiver où la Baltique est parfois prise par les glaces, par le port norvégien de Narvik. Hitler a noué depuis longtemps des liens avec Vidkun Quisling, chef des nazis norvégiens. Ce dernier insiste sur le risque de voir les Britanniques intervenir dans son pays. Mais Hitler souhaite avant tout que la Norvège reste neutre : une Norvège occupée nécessiterait un déploiement de forces aériennes, navales et terrestres dont il ne veut pas. Mais un incident va bouleverser ses certitudes.

### L'affaire de l'Altmark

Le 14 février 1940, un pétrolier ravitailleur allemand, l'Altmark, pénètre dans les eaux territoriales norvégiennes, comme le droit de la guerre le lui permet, pour une durée courte. À son bord, près de 300 prisonniers britanniques, des marins dont les navires ont été coulés par des bâtiments allemands. Au mépris des lois internationales, un destroyer britannique attaque le navire, le contraint à baisser pavillon et libère les prisonniers.

Si les Norvégiens protestent énergiquement contre cette violation de leurs eaux territoriales, l'incident semble donner

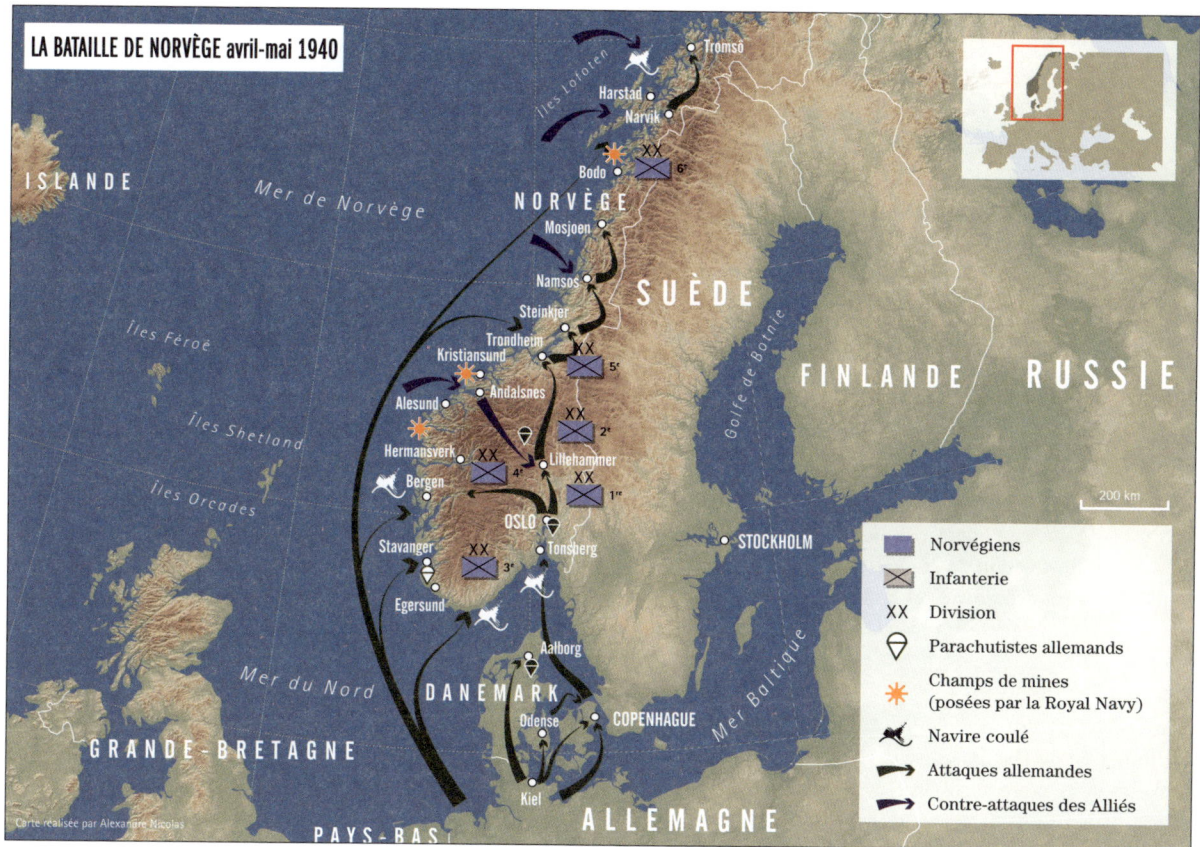

LA BATAILLE DE NORVÈGE avril-mai 1940

Légende :
- Norvégiens
- Infanterie
- XX Division
- Parachutistes allemands
- Champs de mines (posées par la Royal Navy)
- Navire coulé
- Attaques allemandes
- Contre-attaques des Alliés

Carte réalisée par Alexandre Nicolas

raison à Quisling et Hitler change rapidement d'avis : il décide d'intervenir en Norvège.

Début avril, le plan est prêt. Il s'agira de débarquer des troupes en Norvège en six lieux dont Narvik, Trondheim, Bergen et Oslo. Parallèlement, le Danemark sera envahi. Nom de code de l'opération : Weserübung (exercice Weser).

## Le général Béthouart

Le général Antoine Béthouart (1889-1982) sort sous-lieutenant de l'École de Saint-Cyr en 1912 et s'illustre durant la Première Guerre mondiale. En 1940, il reçoit le commandement des troupes envoyées à Narvik pour « couper la route du fer ». Lors de la phase précédant l'attaque, le général Béthouart dirige le feu de l'escadre anglaise. C'est la première fois qu'un général français commande une escadre de la Royal Navy.

Les opérations de débarquement débuteront le 9 avril au matin et les navires se mettent en marche dès le 6.

Ce que les Allemands ignorent, c'est que les Britanniques ont eux aussi décidé d'intervenir en Norvège et de « couper la route du fer » en débarquant à Narvik. Le climat est détestable, le brouillard règne et les deux flottes font marche l'une vers l'autre sans le savoir.

Dans la soirée du 7 avril, un groupe de navires allemands est repéré par l'aviation britannique. L'amirauté britannique pense avoir affaire à des bâtiments destinés à empêcher son débarquement. Les troupes qui montaient à bord des croiseurs à destination de Narvik sont immédiatement débarquées et la flotte britannique se précipite sur place.

## L'exercice Weser en application

Si l'invasion du Danemark se déroule presque sans coup férir, les choses se déroulent de manière contrastée en Norvège. Les débarquements à Trondheim, Bergen et Narvik se déroulent presque sans opposition, mais le débarquement à Oslo, le plus important, débute dans des conditions désastreuses. Le croiseur allemand Blücher, victime de plusieurs coups au but par les batteries côtières, est finalement torpillé et sombre. À son bord se trouvait le personnel d'état-major destiné à diriger les opérations en Norvège. Le retard pris par les Allemands,

### Vidkun Quisling

Vidkun Quisling (1887-1945), ancien militaire de carrière dans l'armée norvégienne, se tourne vers la politique et devient ministre de la Défense de Norvège en 1931. Fervent admirateur d'Hitler, il fonde un parti proche du parti nazi allemand et qui partage ses vues raciales. Collaborateur zélé des Allemands durant la Deuxième Guerre mondiale, il est arrêté, jugé pour haute trahison et exécuté en octobre 1945. Son nom est devenu un synonyme de « traître ».

qui arriveront finalement à Oslo dans la soirée du 9, permet au roi de Norvège Haakon VII de s'enfuir au Royaume-Uni. Quisling se déclare alors Premier ministre et tente de former un gouvernement pro-allemand. Mais il est bien seul, l'armée se défile et la police refuse d'obéir.

Pendant ce temps, les Allemands s'installent. Mais à Narvik, dès le 10, ils sont violemment attaqués par des destroyers britanniques qui se sont glissés dans le port en profitant du brouillard et de l'obscurité. Ils coulent deux destroyers allemands, en endommagent sévèrement un troisième et coulent six navires de transport, avant d'être eux-mêmes attaqués et dispersés. Dans les eaux entourant

la Norvège, de petites actions navales confuses se développent.

## Victoire à la Pyrrhus

Le 16 avril, des premiers éléments britanniques sont débarqués, suivis le 28 par un corps expéditionnaire français, commandé par le général Béthouart, qui débarque au nord de Narvik. La situation des Allemands est loin d'être reluisante. S'ils sont parvenus à s'emparer des aérodromes norvégiens et des principaux ports, leurs effectifs, dans le nord, sont assez réduits, moins de 5 000 hommes. Mais Français et Britanniques, plus nombreux, peinent à coopérer. Le général britannique en charge des opérations, Mackesy, se montre d'une très grande apathie. Il est finalement limogé le 7 mai. Son remplaçant, Auchinleck, se montre bien plus entreprenant. Profitant de l'arrivée de deux bataillons de Légion étrangère, celui-ci reprend l'initiative en s'appuyant sur les éléments demeurés mobilisés de l'armée norvégienne. Le 28 mai, les Français et les Norvégiens s'emparent enfin de Narvik. Mais ils ont trop attendu, à tel point que les hommes qui commandent l'assaut savent, trois jours avant la prise de la ville, que cette victoire sera de courte durée : la France a été envahie le 10 mai. Les troupes déployées en Norvège doivent être rapatriées en Angleterre avant d'être expédiées sur le front de France. Elles n'auront pas le temps de rentrer que la campagne sera déjà terminée.

Occupation allemande de la Norvège. Chars dans une rue d'Oslo. Juillet 1940.

## Bilan

Le 9 juin, alors que les troupes allemandes du général Dietl ne tiennent plus qu'un tout petit réduit, Français et Britanniques rembarquent et quittent la Norvège. La campagne aura duré un peu moins de deux mois. Les Allemands tiennent la Norvège et n'ont perdu que 5 000 hommes. La route du fer n'est pas coupée, la Luftwaffe dispose de bases aériennes pour intervenir dans l'Atlantique nord. Mais la Kriegsmarine allemande a été rudement éprouvée. Plus de la moitié de ses navires ont été perdus ou gravement endommagés et feront cruellement défaut lors de la préparation de l'invasion de l'Angleterre. En Grande-Bretagne, ce fiasco a lui aussi des conséquences importantes. Avant même le rembarquement, il a provoqué le départ de Chamberlain et l'arrivée de Winston Churchill à la tête du gouvernement.

**mai**
# 1940

# Sedan
## Une percée dans les défenses françaises

En décembre 1939, la Grande-Bretagne et la France ont déclaré la guerre à l'Allemagne depuis plus de trois mois. Hitler s'apprête à lancer une attaque sur le front de l'Ouest dans les prochaines semaines. Britanniques et Français s'attendent naturellement à voir les Allemands entrer en Belgique, comme en 1914. Ce plan d'attaque est bien celui que les Allemands ont l'intention d'utiliser. Mais en janvier 1940, le plan allemand tombe aux mains des Alliés par accident.

Le Führer pense, un temps, précipiter son attaque pour ne pas laisser aux Alliés le temps de tirer parti de ce plan. Il est finalement ramené à la raison par certains jeunes membres de son état-major, qui lui proposent un plan audacieux. Le général von Manstein, appuyé par le général Guderian, propose en effet de traverser les Ardennes – que les Alliés tiennent à tort pour infranchissables – avec une masse de troupes blindées et de passer la Meuse à Sedan, tandis que sur les frontières belges et hollandaises, un rideau de troupes allemandes donnera l'impression que le plan de 1914 se répète. Les armées alliées seront ainsi, on l'espère, attirées en Belgique, alors que l'effort allemand se portera au sud. Une fois la percée obtenue, il faudra obliquer vers l'ouest et la Manche, afin de prendre les armées alliées comme dans une nasse.

### L'attaque du 10 mai
Mais chez les généraux de la vieille école, on ne croit guère à la puissance des blindés utilisés sans soutien d'infanterie. Car le rythme prévu de l'attaque ne permettra pas à l'infanterie de suivre. On opte donc pour une solution de compromis : les Panzers traverseront les Ardennes mais attendront d'être rejoints par l'infanterie pour percer.

Le 10 mai 1940, l'offensive allemande débute comme prévu par un vaste mouvement en Belgique. Les Alliés répliquent immédiatement en volant au secours de l'armée belge. Il peut paraître étonnant que, bien que prévenus du plan initial allemand, les états-majors français et britanniques n'aient pas eu l'idée que les Allemands aient modifié leur plan. Il semble que l'on ait cru à une manœuvre d'intoxication allemande.

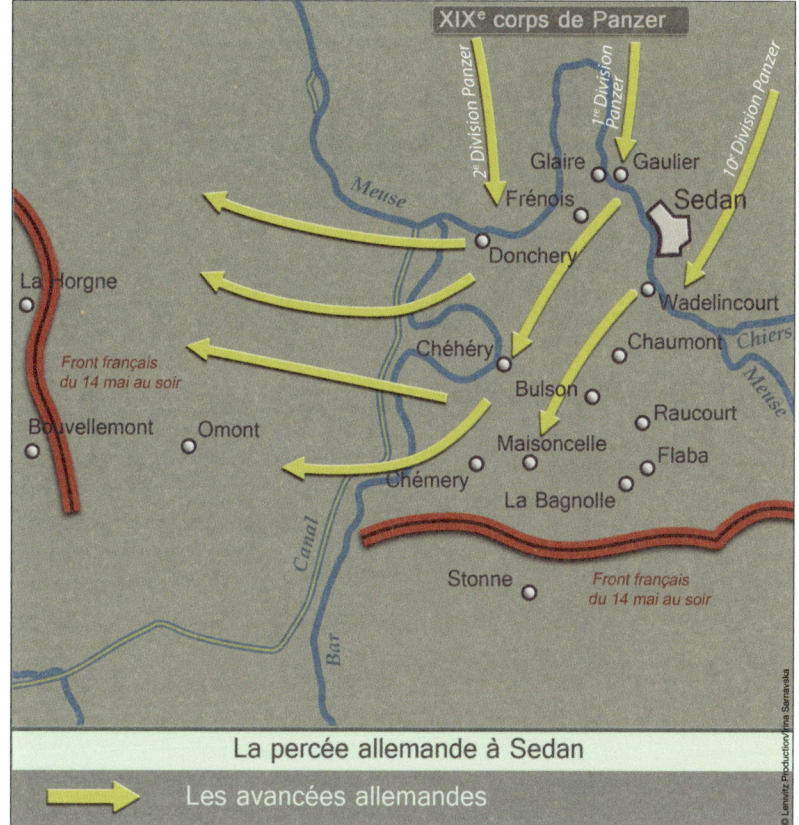

La percée allemande à Sedan

Les avancées allemandes

### Les Stukas

Le Ju-87, plus connu sous le nom de « Stuka », abréviation de Sturzkampfflugzeug (« bombardier en piqué »), est mis au point par les forces aériennes allemandes en 1936. Ce monomoteur biplace est un appareil de soutien des forces au sol. Son attaque en piqué lui permet en effet de délivrer ses bombes de manière très précise. Il est la véritable terreur des fantassins, mais aussi des civils qui, bientôt, sillonnent les routes de France, fuyant l'avancée des Allemands. Plus tard, une version équipée de canons antichars sera exploitée avec succès sur le front de l'Est.

## Les Panzers traversent les Ardennes

Toujours est-il que, tandis que la masse des armées française se rue en Belgique, à l'abri des forêts des Ardennes, les troupes blindées allemandes progressent, sous la houlette de Guderian. Le 12 mai, deux jours après le début de l'offensive, trois divisions blindées allemandes atteignent les rives de la Meuse, à Dinant, Monthermé et Sedan. Le général allemand Kleist, qui commande ce secteur, fait face à des divisions françaises de seconde zone, composées de réservistes, d'un faible moral et moins bien équipées que les troupes de Belgique. Ses discussions avec Guderian l'ont convaincu qu'attendre l'infanterie serait une perte de temps et permettrait aux Français de se déployer en grand nombre de l'autre côté de la Meuse pour en interdire le franchissement. Puisque l'on manque d'artillerie pour appuyer le passage du fleuve, c'est la Luftwaffe, les forces aériennes allemandes, qui vont servir de soutien. Le 13 mai, de 12 h 00 jusqu'à 17 h 00, 1 500 avions, dont 250 Stukas, bombardiers en piqué, attaquent les troupes françaises déployées de l'autre côté de la Meuse. Les Allemands s'attendaient à ce que les troupes françaises, déployées là depuis plus de huit mois, en aient profité pour bâtir des casemates et des abris. Il n'en est rien. Malgré cela, le bombardement ne produit que des effets minimes. Mais son impact psychologique est énorme et provoque de véritables paniques dans les rangs des soldats français, dépourvus d'armes antiaériennes en nombre suffisant.

## L'effondrement

À 17 h 30, dans une boucle du fleuve, les troupes allemandes (chaque division blindée allemande incorpore quelques bataillons d'infanterie motorisée) opèrent le franchissement, sur des canots pneumatiques, tandis que les chars tirent sur les rares casemates françaises. Les soldats allemands franchissent la Meuse et, pourvus de grenades et de lance-flammes, neutralisent un à un les fortins français. Au soir du 13 mai, les troupes du génie allemand ont

### Le général Guderian

Heinz Guderian (1888-1954) est entré dans l'histoire comme le père des forces blindées allemandes. Soldat durant la Grande Guerre, il s'intéresse, dès les années 1920, au développement des blindés et se convainc, comme certains penseurs britanniques, que les chars ne doivent pas être utilisés pour soutenir l'infanterie mais comme force de rupture, une sorte de cavalerie des temps modernes. Brillant exécuteur du plan Manstein en 1940, il connaît une période de disgrâce en 1942 pour s'être opposé à la stratégie de Hitler. Il reprend du service actif sur le front de l'Est en 1944.

dressé des pontons, des ponts flottants, qui permettent aux chars de franchir la Meuse à leur tour. Pendant ce temps, l'artillerie antiaérienne allemande se déploie de part et d'autre de la Meuse pour parer à toute intervention aérienne alliée. Mais le 14, les Français ne dépêchent qu'une poignée de bombardiers légers pour attaquer les ponts. Les appareils français subissent des pertes sévères sans parvenir à atteindre leurs objectifs. Les Britanniques interviennent à leur tour, sans plus de succès, tant le rideau antiaérien est dense. Au soir du 14 mai, les deux divisions françaises ont cessé d'exister, l'artillerie a également décampé, paniquée par l'arrivée impromptue des blindés allemands, qui démontrent que l'effet psychologique de cette nouvelle arme est aussi grand que son effet réel.

La situation est, dès le 15 mai, aggravée par l'attitude des généraux allemands de terrain qui, désobéissant clairement à leurs ordres (consolider la tête de pont et attendre des renforts), effectuent des percées profondes dans le dispositif français. L'état-major allemand craint une contre-offensive majeure des Français, ne pouvant croire que leurs homologues n'ont pas pris conscience du danger mortel qui pèse sur le gros de leurs forces.

Mais cette contre-attaque ne se matérialise pas et Guderian peut ainsi pousser vers la Manche, provoquant une réelle panique sur les arrières de l'armée française, dont les divisions s'effondrent comme un véritable château de cartes.

Chars de l'armée allemande traversant les lignes françaises près de Sedan (Ardennes), mai 1940.

## Bilan

La percée de Sedan du 13 mai 1940 est le véritable tournant de la bataille de France. Dans les jours qui suivent, l'infanterie allemande peut élargir la tête de pont et la défendre, tandis que les divisions blindées allemandes poursuivent leur implacable poussée vers la Manche, qu'elles atteindront au bout d'une semaine. L'état-major français ne parviendra jamais à reprendre la main sur le cours des événements. Mais cette victoire porte en elle la déchéance du IIIᵉ Reich. Ayant eu raison contre son état-major en adoptant le plan de Manstein, Hitler se persuade désormais de son génie militaire, ce qui le conduira à écouter de moins en moins ses conseillers et à se fier uniquement à sa « géniale » intuition.

# Angleterre
## La première défaite des armées allemandes

Le jour même du déclenchement de l'attaque allemande, le 10 mai 1940, Winston Churchill a été nommé Premier ministre en remplacement de Chamberlain. Devant la Chambre, le nouveau chef du gouvernement ne masque rien de la difficulté de l'heure en déclarant aux députés qu'il n'a à leur offrir que « du sang, des larmes, du labeur et de la sueur ». Il ignore que six semaines plus tard, son île devra faire face, seule, à l'ouragan hitlérien. Car le 24 juin 1940, l'armistice signé par la France dans la clairière de Rethondes laisse la Grande-Bretagne seule face à l'Allemagne nazie.

La première crainte des Britanniques est celle de l'invasion. Hitler échafaude d'ailleurs des plans en ce sens dès la fin du mois de juin, tout en se lançant dans une intense activité diplomatique à destination des Britanniques. Il espère que Churchill, ayant pris conscience du caractère désespéré de sa situation, ne tardera pas à se mettre à la table des négociations. Mais l'attaque de la flotte française à Mers-el-Kebir lui donne un premier indice de la résolution des Britanniques. Le commandement allemand en revient donc à son projet d'invasion, l'opération Otarie (Seelöwe). Mais on manque de chalands de débarquement et l'opération est donc repoussée au mois de septembre. C'est alors qu'intervient le maréchal Göring, chef de la Luftwaffe, les forces aériennes allemandes. Ce dernier affirme à Hitler qu'il peut, avec sa seule aviation, contraindre les Britanniques à capituler. La proposition de Göring ne semble en rien farfelue.

Le rapport de force est, théoriquement, favorable aux Allemands. Ces derniers disposent de plus de 2 500 avions. Il y a les chasseurs monomoteurs Messerschmitt 109 et bimoteurs Messerschmitt 110, au nombre de 1 200. Le reste se répartit en bombardiers en piqué Stukas (qui vont démontrer leurs limites, n'étant pas du tout adaptés) et en bombardiers bimoteurs moyens, comme le Do-17, le Ju-88 et le He-111. Face à eux, les Britanniques disposent de modestes forces de bombardement et d'environ 600 chasseurs, Hurricanes et Spitfires. Les premiers, plus lents, sont également plus solides et vont être chargés de l'attaque des formations de bombardiers, tandis que les Spitfires, rapides et maniables, attaqueront les escortes de chasseurs.

En plus de ses chasseurs et de son artillerie antiaérienne, la Grande-Bretagne peut

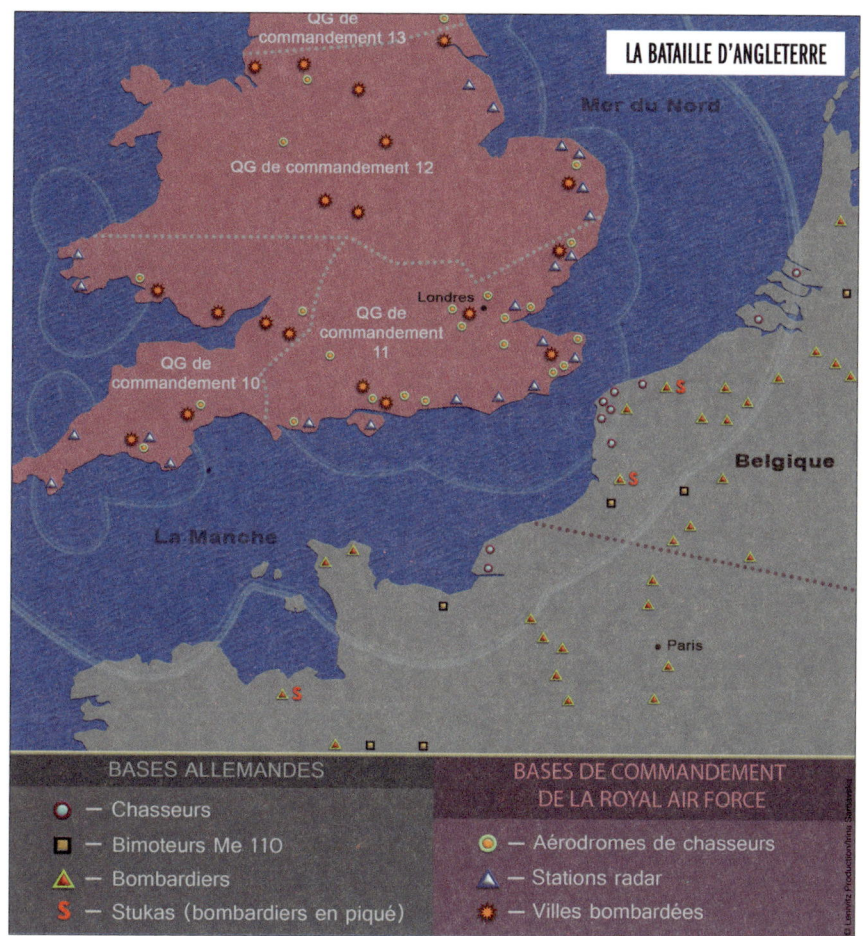

LA BATAILLE D'ANGLETERRE

Mer du Nord

QG de commandement 13

QG de commandement 12

QG de commandement 11

Londres

QG de commandement 10

Belgique

La Manche

Paris

**BASES ALLEMANDES**

○ — Chasseurs
■ — Bimoteurs Me 110
▲ — Bombardiers
**S** — Stukas (bombardiers en piqué)

**BASES DE COMMANDEMENT DE LA ROYAL AIR FORCE**

◉ — Aérodromes de chasseurs
▲ — Stations radar
✺ — Villes bombardées

## Le Spitfire

Le premier prototype de cet appareil mythique vole le 5 mars 1936. Cet avion à l'aile elliptique, qui rend sa production très longue, s'avère très tôt l'un des meilleurs chasseurs de sa génération. Rapide, maniable, le Spitfire est également pourvu d'un blindage conséquent, de deux canons de 20 mm et de quatre mitrailleuses de 7,7 mm. Il sème la terreur chez les pilotes allemands, même ceux des chasseurs Me-109, moins performants dans tous les domaines. Au total, dans ses différentes versions, le Spitfire sera produit à plus de 20 000 exemplaires.

compter sur une innovation technologique que les Allemands ont sous-estimé : le radar. Ces appareils, déployés sur toute la côte de l'île, permettent en effet de localiser les formations d'avions et d'en déterminer, de manière assez grossière, le nombre. Grâce au radar, les Britanniques pourront, durant toute la bataille, être avertis très en amont des intentions allemandes, ce qui va compenser la faiblesse de leurs effectifs.

## Le Kanalkampf

Début juillet, la bataille d'Angleterre connaît son prélude, le Kanalkampf : les bombardiers allemands s'attaquent aux navires britanniques qui transitent dans la Manche, mais sans provoquer de grands dégâts : les aviateurs allemands, bien formés, n'ont pas reçu une instruction spécifique en matière navale. Devant le peu de résultat de cette opération qui visait à isoler l'Angleterre en s'attaquant au commerce naval dont l'île est dépendante, la Luftwaffe, sous l'impulsion de Göring, s'attaque, à partir du mois d'août, au sol même de l'Angleterre.

Les premiers objectifs attaqués par la Luftwaffe sont les aérodromes britanniques. Le but est de détruire un maximum d'avions ennemis au sol et de gêner les opérations de la Royal Air Force (RAF). Parallèlement, les usines aéronautiques sont également prises pour cible, afin de priver les escadrilles britanniques de modèles de rechange. Le 13 août, l'Adlertag (« le jour de l'aigle »),

### L'Air-Marshall Dowding

Hugh Dowding (1882-1970), Écossais ombrageux, est à la tête du Fighter Command, qui chapeaute les chasseurs de la RAF en 1940. Il supplie Churchill de rapatrier un maximum d'escadrilles britanniques déployées en France dès le début du mois de juin et menace de démissionner s'il n'est pas écouté. Churchill, à contre-cœur, lui donnera son accord. Sur le pont du mois de juillet au mois d'octobre, Dowding coordonne les actions des pilotes. Il fut un des grands protagonistes de la victoire britannique finale.

des vagues de bombardiers allemands passent donc à l'attaque. Au quartier général de la RAF, c'est la panique. Les pilotes tombent par dizaines chaque jour, remplacés par des pilotes si jeunes que le capitaine Townshend, alors âgé de 24 ans, se rappellera plus tard que ses hommes l'appelaient « le vieux ». Certains aérodromes ne sont plus en état de fonctionner, de nombreux appareils sont détruits au sol. Les Allemands sont persuadés d'avoir éliminé les trois quarts des appareils ennemis. Le 15 août, malgré leurs succès, ce sont eux qui subissent de très lourdes pertes : près de 20 % de leurs effectifs. Le 18 août, les pertes des Stukas sont telles que le

commandement allemand décide de ne plus les employer.

## Londres bombardé

Mais le tournant de la bataille a lieu le 24 août. Un bombardier allemand attaque, par erreur, la ville de Londres, ce qui avait été formellement interdit par Hitler. En représailles, dès le lendemain, les bombardiers britanniques attaquent Berlin. Outré, Hitler change de tactique. Dès le 7 septembre, une centaine de bombardiers allemands attaquent Londres. C'est le début de ce que les Britanniques vont baptiser le Blitz. Les Britanniques n'avaient pas anticipé cette attaque, qui se déroule presque sans opposition, provoquant d'immenses dégâts. Mais en s'attaquant à Londres, les Allemands cessent d'étouffer les aérodromes de la RAF, qui vont pouvoir redoubler d'efforts. Le 15 septembre, véritable pic de cette nouvelle phase de la bataille, la RAF perd 40 avions, contre 52 aux Allemands.

## La bataille prend fin

Ce différentiel est encore aggravé par le fait que les pilotes allemands abattus au-dessus de l'Angleterre et qui parviennent à s'éjecter sont faits prisonniers tandis que les pilotes britanniques peuvent repartir au combat, parfois dans les heures qui suivent. Fin septembre, les Allemands ralentissent leurs opérations. Bientôt, les raids ne seront plus que nocturnes pour éviter la chasse britannique. Fin octobre, l'opération Otarie est ajournée sine die.

Cratère de bombe au niveau de Mansion House lors du Blitz. Londres (Angleterre).

## Bilan

Ce sont les civils qui souffrirent le plus des effets de la bataille d'Angleterre : 30 000 hommes, femmes et enfants sont tués par les bombardements sur Londres, mais aussi sur d'autres centres industriels comme Coventry ou Wolverhampton. Les Britanniques perdent 900 avions, des chasseurs pour l'essentiel, tandis que les Allemands en perdent près de 1 800, tous types confondus. Plus grave, la majorité des équipages allemands qui n'ont pas été tués sont prisonniers et ces pertes pèseront lourd. La bataille d'Angleterre signe donc la première défaite des armées allemandes.

avril
**1941**

# Tobrouk
## Les Australiens assiégés

L'entrée en guerre de l'Italie, en juin 1940, contre la France et la Grande-Bretagne, a ouvert un nouveau front, celui d'Afrique du Nord. En effet, les Britanniques, en Égypte, font face aux Italiens stationnés dans leur colonie de Libye. Mussolini est si confiant qu'il a fait débarquer un cheval blanc sur lequel il espère défiler dans les rues du Caire avant la fin de l'année 1940.

Son cheval blanc finira dans les roulantes de l'armée italienne. Cette dernière, mal préparée, se lance trop tôt dans une opération pour laquelle elle manque de tout : matériels, logistique, moyens de transport. L'offensive de septembre 1940 tourne rapidement au désastre. En quelques semaines, près de 80 000 soldats italiens sont faits prisonniers. Hitler s'inquiète tant pour le prestige de son allié Mussolini que pour les implications pratiques d'une telle débandade : fin décembre 1940, les Britanniques sont en Libye et rien ne semble pouvoir arrêter leur marche sur Tripoli.

C'est dans ces circonstances que naît le projet de l'Afrikakorps, un corps d'armée allemand engagé en Afrique du Nord pour combattre les Britanniques aux côtés des Italiens. Le temps presse. Le 21 janvier, la garnison italienne de Tobrouk capitule après 12 maigres heures de siège et un assaut lancé par la 6e division australienne. Les Australiens perdent un peu moins de 300 hommes, tués et blessés, et font 27 000 prisonniers. L'armée britannique tient alors toute la Cyrénaïque jusqu'à Benghazi.

### Rommel entre en scène

Le 12 février 1941, le maréchal Erwin Rommel, commandant l'Afrikakorps, débarque à Tripoli. Il ne dispose alors que de maigres effectifs, qui doivent être renforcés sous peu. Son supérieur hiérarchique, le général italien Gariboldi, souhaite faire preuve de prudence, ce qui n'est pas du goût de Rommel. Ce dernier se lance dans une série de reconnaissances aériennes, afin de se faire une idée du dispositif ennemi. Fort des renseignements obtenus, il attend avec impatience l'arrivée d'une seconde division blindée allemande, la 15e, qui doit débarquer fin mars.

Dès le 24 de ce mois, sans attendre de disposer de tous ses effectifs, Rommel se lance à l'attaque en s'appuyant sur deux divisions blindées, la 5e allemande et la division italienne Ariete. Le succès est fulgurant. Les Alliés ont été en effet

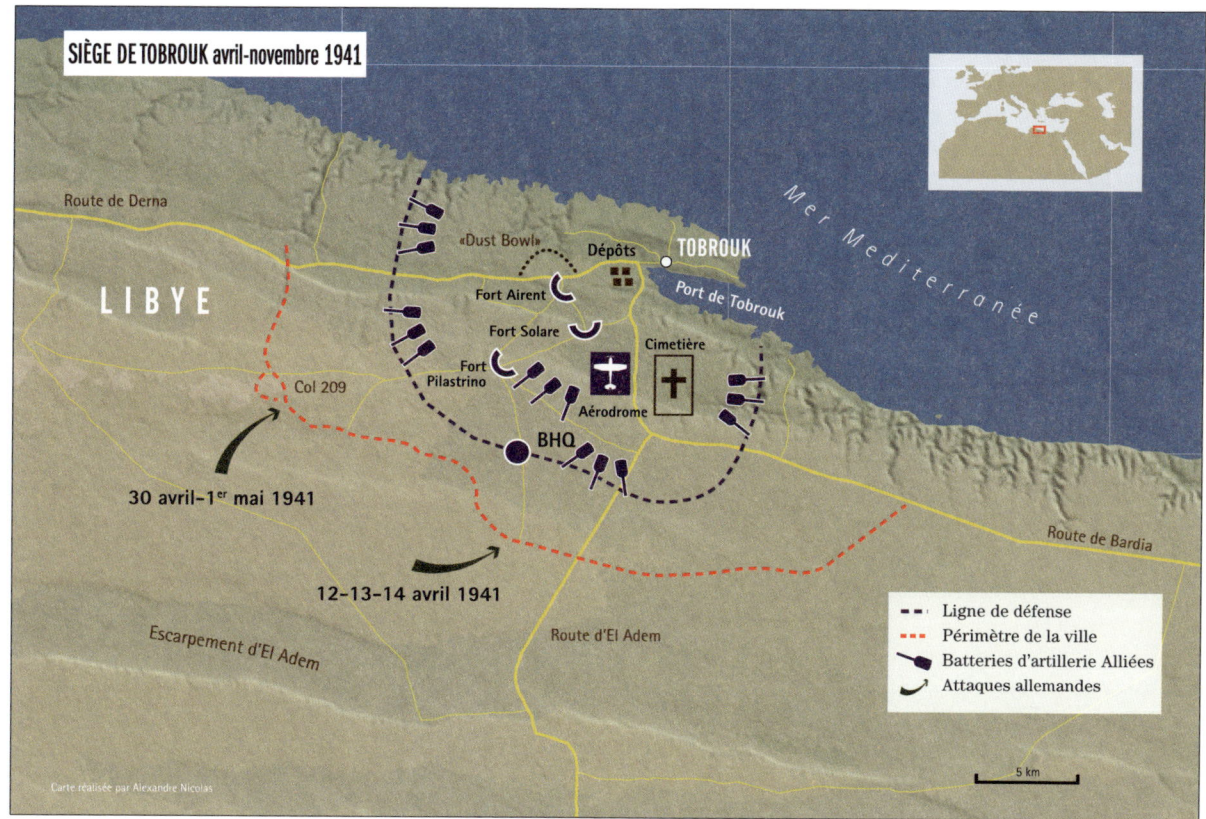

SIÈGE DE TOBROUK avril-novembre 1941

Route de Derna

LIBYE

«Dust Bowl»
Dépôts
Fort Airent
TOBROUK
Port de Tobrouk
Fort Solare
Cimetière
Fort Pilastrino
Col 209
Aérodrome
BHQ

Mer Méditerranée

30 avril–1er mai 1941

12-13-14 avril 1941

Escarpement d'El Adem

Route d'El Adem

Route de Bardia

Ligne de défense
Périmètre de la ville
Batteries d'artillerie Alliées
Attaques allemandes

5 km

Carte réalisée par Alexandre Nicolas

contraints d'intervenir en Grèce, envahie par l'Allemagne et, pour cela, de dépêcher deux divisions d'infanterie présentes en Cyrénaïque. Ne subsistent plus en Cyrénaïque que des divisions peu expérimentées et dépourvues de soutien.

Le 4 avril, les troupes de l'Axe sont à Benghazi et poursuivent leur avance, capturant près de 2 700 soldats du Commonwealth à Mechili, entre

## Le général Morshead

Sir Leslie James Morshead (1889-1959), engagé volontaire dans l'armée australienne en 1914, participe à la terrible campagne de Gallipoli. Malade, il est rapatrié puis sert sur le secteur britannique du front de l'Ouest en France jusqu'en 1918. En 1941, devenu général, il se voit confier la défense de Tobrouk, qui va tenir durant près de huit mois face à Rommel. Il est surnommé « Ming the merciless » par ses hommes, en référence à l'ennemi juré de Flash Gordon, auquel il ressemble physiquement.

Benghazi et Tobrouk, le 6 avril. Le 9 avril, les Australiens sont encerclés à Tobrouk. Rommel, qui dirige les opérations, ne souhaite pas perdre son élan et entend pousser sur la route de Bardia en direction de la frontière Égyptienne. En moins de deux semaines, il a reconquis toute la Cyrénaïque.

## Les Australiens sont assiégés

Au Caire, on se montre extrêmement préoccupé par la situation. Les unités parties en Grèce manquent cruellement. La situation apparaît comme désespérée. C'est dans ces conditions que le commandant australien de la place forte de Tobrouk, le général Morshead, se voit confier la mission de défendre la place jusqu'au bout. Ce dernier se montre très clair avec ses hommes : « Il n'y aura pas de nouveau Dunkerque ! » Les Australiens, membres pour l'essentiel de sa 9e division australienne, avec quelques éléments de la 7e division australienne et d'une division indienne, ont eu le temps de renforcer les défenses de la ville.

Sur tout le périmètre, des champs de mines interdisent l'accès. De nombreux points d'appui ont été creusés dans le sol. Affleurant à peine à la surface du désert, ils ne peuvent être détruits que par un coup au but et, surtout, les chars ennemis ne peuvent abaisser leurs canons pour leur tirer dessus. Les défenseurs ont donc reçu ordre de ne faire feu que

## Des Australiens très offensifs

En maintenant le fer de lance de l'armée de l'Axe devant le périmètre de Tobrouk, par leur sacrifice, les soldats australiens donnent à leurs frères d'armes britanniques l'opportunité de fourbir leurs armes pour une contre-attaque. Et ils font plus que se défendre. Chaque nuit, il effectuent des sorties afin de harceler les Italiens et les Allemands. Un soir, ils capturent même un bataillon italien au complet !

sur l'infanterie ennemie et de laisser les pièces antichars déployées en seconde ligne s'occuper des blindés.

Les Australiens ont récupéré tout l'armement et les munitions italiennes qui se trouvaient emmagasinées dans la ville. En moins d'une semaine, des fantassins ont donc dû se former au maniement de pièces antichars ou antiaériennes. Malgré cette formation rudimentaire, ils sont prêts.

Autour de Tobrouk encerclé, Rommel dispose de forces conséquentes : la 5e division blindée allemande, avec 60 chars moyens Panzer III et IV et 70 chars légers Panzer I et II, des éléments de la 15e division blindée du général von Prittwitz, la division blindée italienne Ariete et trois divisions d'infanterie italiennes.

## Un siège mal mené

Mais Rommel commet une erreur d'appréciation : il est persuadé que la ville est défendue par une poignée de soldats, 3 000 tout au plus, alors que les Britanniques sont presque dix fois plus nombreux. Le premier assaut est donc lancé le 10 avril. Mal menée, mal préparée, l'attaque, de faible envergure, se solde par un échec et par la mort du général von Prittwitz, qui la commandait.

Rommel en tire les conclusions qui s'imposent et mène, dès le lendemain, une attaque plus importante, confiée à la 5e division légère, depuis l'est de Tobrouk. Elle se solde également par un échec, les assauts sont renouvelés durant les trois jours qui suivent, en vain. Mais les pertes australiennes grimpent en flèche.

Le 16 avril, Rommel commande l'assaut de la division Ariete. C'est un nouvel échec, proche du désastre : 800 Italiens sont capturés. Les Allemands maintiennent la pression. Le port de Tobrouk, par qui des renforts pourraient arriver, est constamment bombardé par la Luftwaffe et ses installations très gravement endommagées. Le 30 avril, la 15e division blindée étant enfin complète, Rommel lance un nouvel assaut. Ses troupes pénètrent sur près de 3 kilomètres. La bataille dure trois jours, mais le sable, la poussière et le caractère décousu des combats contraignent Rommel à se replier.

Prisonniers italiens quittant le port de Tobrouk après la reprise de la ville par les Alliés. 24 janvier 1941.

## Bilan

Mis au courant des pertes qui s'accumulent, Hitler ordonne à présent de cesser les attaques contre Tobrouk et de renoncer à envahir l'Égypte. Le 15 juin 1941, les Britanniques, enfin renforcés, lancent leur offensive et se mettent en marche vers Tobrouk assiégé. Rommel les repousse. Tobrouk demeure assiégée, mais tient. Une certaine routine s'installe de part et d'autre et il faut attendre la fin du mois de novembre et le succès de l'opération britannique Crusader pour voir la ville enfin libérée. Par leur sacrifice, les défenseurs de Tobrouk ont sauvé l'Égypte de Rommel.

# Coulez le Bismarck !
## Chasse en Atlantique nord

La marine de guerre allemande joue, depuis le début de la Seconde Guerre mondiale, un rôle de simple harcèlement. La bataille de l'Atlantique est une lutte à mort entre la Grande-Bretagne et l'Allemagne, dont un des points culminants, sur le plan symbolique, se joue en mai 1941.

D'une taille réduite, la Kriegsmarine ne peut lutter à armes égales avec la Royal Navy britannique. Elle est donc contrainte, depuis le début des hostilités, à une sorte de version moderne de la « guerre de course », celle que menait Surcouf en son temps. Ses navires patrouillent sur les océans et tentent d'arraisonner, au petit bonheur, les navires ennemis. Mais à ce petit jeu, les sous-marins sont plus efficaces et constituent une menace plus grande pour les navires de commerce britanniques. Mais la Kriegsmarine ne peut décemment rester l'arme au pied. Elle a subi des pertes sévères en Norvège. Et ses grosses unités, comme le Bismarck ou le Tirpitz, sont cantonnées en Baltique dont elles ne peuvent

sortir sans risquer d'être prises en chasse par la Home Fleet britannique. Certains navires, comme le Scharnhorst et le Gneisenau, sont parvenus à percer le blocus et à gagner Brest, ayant au passage coulé 22 navires lors de leur sortie, en janvier 1941. L'opération Rheinübung, décidée début 1941, vise à faire parcourir le même chemin au Bismarck et au croiseur Prinz Eugen, au mois d'avril, profitant du fait que les nuits sont encore assez longues pour échapper le plus souvent possible aux repérages de l'aviation ennemie. Le Prinz Eugen ayant été endommagé, le départ est finalement retardé au 18 mai. La mission, confiée à l'amiral Lütjens, consiste donc à s'engager dans l'Atlantique nord, contourner les îles britanniques et l'Islande et faire ensuite

route vers Brest. Contrairement aux autres missions, les deux navires reçoivent l'ordre d'attaquer tout navire rencontré, navires de guerre y compris.

### Les Britanniques sur le qui-vive

Mais les Britanniques ont eu vent qu'une nouvelle sortie se préparait et deux de leurs croiseurs, le Norfolk et le Suffolk, patrouillent entre l'Islande et le Groenland. Le 21 mai, un avion de reconnaissance repère les deux navires allemands au large de Bergen, en Norvège. L'amiral Tovey, commandant la Home Fleet britannique, décide de passer immédiatement à l'action. Deux cuirassés, le Prince of Wales et le Hood, fleurons de la flotte, quittent

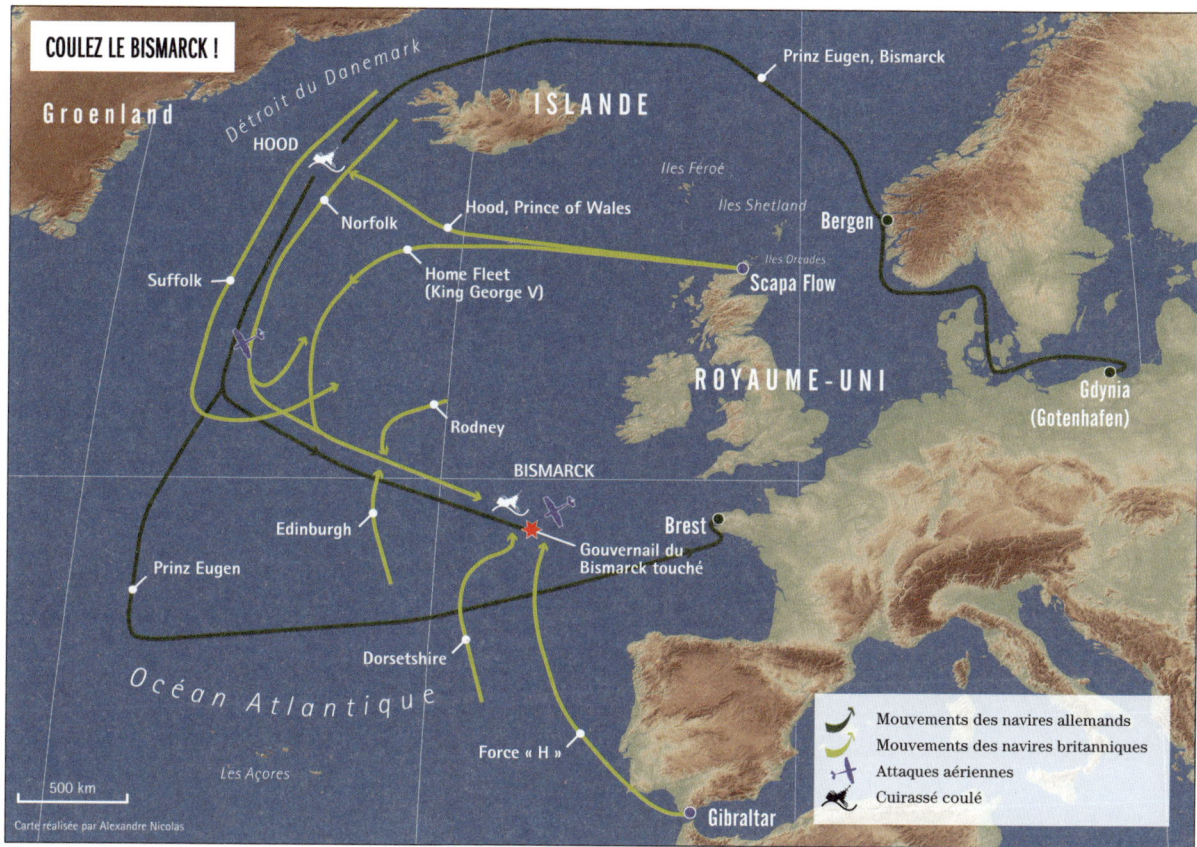

COULEZ LE BISMARCK !

Groenland · Détroit du Danemark · ISLANDE · Prinz Eugen, Bismarck

HOOD · Norfolk · Hood, Prince of Wales · Iles Féroé · Iles Shetland · Bergen

Suffolk · Home Fleet (King George V) · Iles Orcades · Scapa Flow

ROYAUME-UNI · Gdynia (Gotenhafen)

Rodney · BISMARCK · Brest · Gouvernail du Bismarck touché

Edinburgh

Prinz Eugen

Dorsetshire

Océan Atlantique

Force « H » · Gibraltar

Les Açores

500 km

Carte réalisée par Alexandre Nicolas

Mouvements des navires allemands
Mouvements des navires britanniques
Attaques aériennes
Cuirassé coulé

la base navale de Scapa Flow en direction du nord-ouest, afin d'intercepter les navires allemands lorsqu'ils déboucheront à l'est ou à l'ouest de l'Islande.

Le 23 mai, en début de soirée, le Norfolk et le Suffolk repèrent le Bismarck et le Prinz Eugen sur leur radar et font connaître la position et la course des deux navires, qu'ils se gardent d'attaquer, n'étant pas

## Le HMS Hood

Croiseur de bataille et donc d'une taille inférieure à celle d'un cuirassé classique, lancé en 1920, le HMS (His Majesty's Ship) Hood est un navire ancien en 1941. Son armement est équivalent à celui du Bismarck mais son blindage est moindre et un défaut de conception et de blindage de ses soutes explique sa fin tragique. La perte est d'autant plus cruelle que le Hood était considéré comme le navire emblématique de la Royal Navy.

de taille à les affronter. C'est vers 5 heures du matin que le contact visuel a lieu entre le Prince of Wales, le Hood, le Bismarck et le Prinz Eugen. À 5 h 52, le Hood ouvre le feu, suivi du Prince of Wales. Dans les secondes qui suivent, les marins britanniques peuvent apercevoir la lueur des coups de départ des pièces allemandes. La bataille a commencé.

### La destruction du Hood

Pour le Hood, elle se termine très vite : la deuxième salve du Bismarck, bien réglée, frappe le pont du Hood et perfore une soute à munitions. Le navire est secoué par une immense explosion et disparaît presque instantanément sous la surface de l'océan. Sur les 1 429 membres d'équipage, on ne repêchera que trois survivants. La bordée suivante frappe la passerelle du Prince of Wales qui, déjà handicapé par des problèmes électriques, doit battre en retraite. Pour les Britanniques, la défaite est un camouflet.

Mais côté allemand, le commandant du Bismarck, Ernst Lindemann, demande à l'amiral Lütjens de faire demi-tour : les deux navires sont repérés et désormais en fâcheuse posture. Le Bismarck a, par ailleurs, été endommagé. Lütjens préfère détacher le Prinz Eugen vers le sud, tandis que le Bismarck fera route vers Saint-Nazaire pour y être réparé. Pour plus de sûreté, Lütjens demande à l'état-major de la Kriegsmarine de déployer des u-boote (sous-marins) à mi-parcours, espérant

### Le Bismarck

Entré en service en août 1940, ce mastodonte mesure 250 mètres de long avec un déplacement à vide de 41 000 tonnes. Son armement principal est constitué de 8 pièces de 380 mm en quatre tourelles et 12 pièces de 150 mm. Pouvant opérer à une vitesse de 30 nœuds, il est un des navires les plus rapides et les mieux blindés de son temps.

ainsi attirer les navires britanniques dans un piège. Le Suffolk suit le Bismarck à bonne distance, grâce à son radar ; mais peu après minuit, il perd sa trace.

La Royal Navy craint un temps que le mastodonte lui échappe. Persuadé d'être toujours poursuivi et observé, Lütjens décide de transmettre à Berlin, par radio, un récit complet de la bataille qui a vu la disparition du Hood. Cette communication permet aux Britanniques de localiser de nouveau le Bismarck, qui leur avait échappé durant près de six heures.

### L'hallali

Mais les navigateurs de la Royal Navy commettent une erreur d'appréciation et les poursuivants obliquent dans la mauvaise direction, avant qu'une nouvelle communication du Bismarck ne permette de le localiser pour de bon et

d'apprendre qu'il fait route sur Brest. Une partie des navires anglais n'a plus assez de carburant pour continuer la poursuite et ce sont de nouveaux navires, dont le cuirassé Rodney, le croiseur Sheffield et le porte-avions Ark Royal, en provenance de Gibraltar, qui convergent sur leur proie. La journée du 26 est confuse. Les avions torpilleurs qui décollent de l'Ark Royal pour attaquer le Bismarck se trompent de cible et attaquent le Sheffield qui, heureusement, s'en sort sans dégâts.

Dans la soirée, une nouvelle vague de torpilleurs décolle. C'est l'attaque de la dernière chance, car si le Bismarck n'est pas ralenti, les navires britanniques ne pourront le rattraper. Malgré une pluie d'obus de DCA, deux torpilles parviennent à toucher le navire. Si l'une d'elles ne fait que des dégâts superficiels, la seconde vient frapper la chambre du gouvernail. Le Bismarck effectuait alors un virage. Son gouvernail est bloqué à 15°. Le géant est donc condamné à faire des ronds dans l'eau le temps que l'on puisse réparer. Mais l'avarie s'avère impossible à réparer et bientôt, les navires britanniques se rapprochent. Peu avant 9 heures, le 27 mai, le Rodney ouvre le feu, soutenu par le King George V, le Norfolk et le Dorsetshire. En moins d'une heure, le Bismarck n'est plus qu'une carcasse en proie aux flammes et qui ne peut plus répliquer aux tirs. À 10 h 15, le navire commence à sombrer. Effet des seuls tirs britanniques ou sabordage ? La question fait encore débat.

Le « Bismarck », navire de guerre allemand torpillé par l'aviation de la marine britannique lors de la bataille de l'Atlantique, mai 1941.

## Bilan

Sur les 2 000 membres d'équipage, seuls 110 seront repêchés. Lütjens et Lindemann sont morts. La chasse est terminée. La sortie du Bismarck se solde par un échec allemand, malgré la destruction du Hood. Plus jamais les grosses unités allemandes ne seront risquées dans l'Atlantique. Désormais, les convois ne seront plus attaqués que par l'aviation et par les meutes de sous-marins allemands.

**juin-novembre**
**1941**

# Barbarossa
## L'invasion de l'Union soviétique

Malgré le pacte de non-agression signé entre Ribbentrop et Molotov en août 1939, chacun sait que l'Union soviétique et l'Allemagne nazie sont des ennemis mortels. Ce pacte n'a fait que retarder l'échéance ; les Soviétiques n'étaient alors pas prêts pour une guerre et Hitler souhaitait avoir les mains libres à l'ouest et ne pas combattre sur deux fronts. Mais dès l'été 1940, Hitler songe déjà à envahir la Russie. Il s'agit alors, dans son esprit, de priver l'Angleterre de son dernier soutien potentiel sur le continent. Mais l'entreprise est si grande que son état-major lui indique qu'une préparation de nombreux mois sera nécessaire.

Fin 1940, une directive du Führer donne les lignes générales de l'opération. Il s'agira d'attaquer l'Union soviétique afin de faire choir le régime communiste honni, d'asservir les populations slaves, qualifiées de sous-hommes (Untermenschen) et de faire main basse sur les immenses ressources économiques de la Russie. Les plans prévoient deux grands axes de progression, de part et d'autre des marais du Pripet. Le groupe d'armées Nord et le groupe d'armées Centre doivent pénétrer en profondeur le dispositif ennemi avec les divisions Panzer, suivis par l'infanterie qui nettoiera les arrières de la poussée allemande. Une fois les forces soviétiques des frontières anéanties, ce groupe fera mouvement vers Leningrad, puis se rabattra sur Moscou. Le groupe Sud appliquera les mêmes méthodes en direction de Kiev.

Mais l'état-major allemand regimbe. Il préférerait, et de loin, pousser sur Moscou, le plus vite possible. Le conflit entre Hitler et ses généraux se solde par un compromis qui porte en lui les germes de l'échec final : on poussera sur les frontières, comme prévu, et une fois la première partie de l'invasion réussie, on avisera.

Trois millions de soldats allemands et alliés se massent sur les frontières de l'Union soviétique au printemps 1941, avec plus de 3 600 chars en fer de lance. Le chef d'état-major de la Wehrmacht, très confiant, peut écrire : *« Batailles massives à prévoir sur les frontières. Durée : pas plus de quatre semaines. »*

## Le général Manstein

Le général Erich von Manstein (1887-1973) est, avec le général Guderian, un des pères des forces blindées allemandes. En 1941, il commande un corps blindé, le 56ᵉ, au sein du groupe d'armées Nord. Progressant en quelques jours de près de 200 km dans les lignes russes, il est, en septembre, placé à la tête de la IIᵉ armée chargée de prendre Sébastopol, en Crimée. Pour la prise de cette ville, effective début 1942, il est nommé feld-maréchal et ne cessera alors de s'illustrer sur le front de l'Est.

## Une offensive surprise

Face à cet impressionnant dispositif, l'Union soviétique aligne des effectifs importants, près de 2,5 millions de soldats, dont un million sont déployés sur les frontières. Mais les grandes purges des années 1930 ont privé la Russie d'un grand nombre de généraux très capables.

Le 22 juin 1941, lorsque l'attaque allemande est déclenchée, Staline est pris totalement au dépourvu, malgré les nombreuses alertes qui lui ont été communiquées. La ruée allemande est violente et

**LA BATAILLE DE BARBAROSSA**

Progression de l'offensive allemande sur le front est
22 juin 1941 – 1ᵉʳ septembre 1941

● Jusqu'au 9 juillet 1941
● Jusqu'au 1ᵉʳ septembre 1941
● Jusqu'au 9 septembre 1941

implacable. L'aviation allemande anéantit l'essentiel de l'aviation soviétique avant même qu'elle n'ait pu prendre son envol en attaquant ses aérodromes. Les Allemands s'enfoncent profondément dans les défenses soviétiques. Le 26 juin, les deux groupes blindés du groupe d'armées Centre prennent ainsi près de 400 000 soldats russes dans une nasse. Plus de la moitié parviendra à s'en extraire.

## Une progression impressionnante

Mais si la progression est fulgurante, du nord au sud, certains signes indiquent clairement, dès juin 1941, que la partie sera très loin d'être facile. La forteresse de Brest-Litovsk, par exemple, résiste avec acharnement aux assauts des Allemands. Elle tiendra jusqu'à la fin du mois de juillet et ne capitulera que par manque de nourriture, d'eau et de munitions. Les pertes allemandes sont par ailleurs très sévères, avoisinant les 3 000 morts par jour. Enfin, il y a le terrain. La Blitzkrieg allemande s'est appuyée, à l'ouest, sur des réseaux routiers modernes, bitumés ou pavés. Rien de tel en Russie, la majorité des routes sur lesquelles les troupes allemandes doivent effectuer leur progression sont de simples pistes. Les chars y progressent avec difficulté, les camions plus encore. Le printemps et l'été sont assez pluvieux cette année-là et l'automne

### Mauvaise surprise sur la route de Moscou

En envahissant l'Union soviétique, les Allemands ont la mauvaise surprise de découvrir le char russe T-34. Ce mastodonte armé d'un puissant canon de 76 mm surclasse alors tous les chars de combats allemands. Seul son emploi dispersé permet aux équipages allemands, bien regroupés, d'en venir à bout, avec de grandes difficultés. Le T-34, qui sera produit à plus de 40 000 exemplaires, demeure le char emblématique de l'Union soviétique. D'une construction très primaire, il est facile à produire et d'une extrême fiabilité comparé aux modèles allemands, plus perfectionnés mais souvent sujets aux pannes.

sera naturellement pire encore. Ironie de l'histoire, le manque de développement d'infrastructures de l'Union soviétique va s'avérer un avantage pour les défenseurs.

## La Blitzkrieg s'enlise

Malgré cela, la progression allemande est spectaculaire. Dès le 8 juillet, près de 90 divisions russes ont été anéanties et l'on compte déjà plus de

300 000 prisonniers. Les réactions soviétiques sont très désordonnées. Côté allemand, on exulte. Au centre, Bock a déjà parcouru 650 km et ne se trouve plus qu'à 250 km de Moscou.

C'est alors que naît le schisme inévitable au sein du commandement. Les Allemands tergiversent, la discorde règne entre l'état-major allemand et Hitler sur les objectifs à poursuivre. Hitler souhaite s'emparer de Leningrad. Il doit pour cela redéployer une partie de ses troupes du groupe d'armées Centre, par ailleurs amputé de plusieurs éléments qui participent, avec le groupe Sud, à une bataille d'encerclement autour de Kiev. En juillet et en août, un temps précieux est perdu alors que le ciel est relativement clément et la résistance russe toujours décousue.

Début septembre, lorsque les Allemands arrivent enfin devant Leningrad, la ville est sur le pied de guerre. Craignant des combats de rue difficiles, Hitler préfère lancer un véritable siège. Au sud, la bataille de Kiev est une grande réussite. Mais les Russes se sont ressaisis et renforcent le front de Moscou. Lorsqu'en novembre, dans la boue et sous des pluies diluviennes, les armées allemandes s'attaquent à la capitale russe, c'est un échec. Le 16 novembre, les Soviétiques mènent sur ce front leur première attaque coordonnée, qui oblige les Allemands à reculer. Barbarossa est un échec.

Opération Barbarossa. Soldats allemands examinant un avion soviétique endommagé. 1941.

## Bilan

Malgré des débuts très prometteurs et la masse des troupes engagées, l'opération Barbarossa se solde par un échec pour les armées allemandes. Les tergiversations du commandement, l'état déplorable des routes, les conditions climatiques détestables et, malgré leur totale désorganisation durant les cinq premiers mois de la campagne, l'opiniâtreté des soldats russes sont autant de facteurs qui expliquent cet insuccès. Si les Allemands ont progressé de près de 800 km en Union soviétique et fait 5 millions de prisonniers, ils ont perdu 750 000 hommes en six mois : des pertes effrayantes qui n'auront de cesse d'augmenter. L'hiver approche, les Allemands vont devoir attendre.

# Leningrad
## Un siège de 900 jours

Le 22 juin 1941, conformément au plan de l'opération Barbarossa, les armées du Reich et de leurs alliés envahissent l'Union soviétique. Au sein du haut commandement allemand, le désordre règne car on peine à s'entendre sur les objectifs réels de la campagne et sur les priorités à dégager. Mais Leningrad en fait naturellement partie.

Située près de la frontière finlandaise, port du golfe de Finlande qui débouche sur la mer Baltique, bordée au nord-est par le lac Ladoga et au sud-est par le lac Peïpous, la ville de Leningrad est un objectif tentant pour l'envahisseur hitlérien. Ancienne capitale de la Russie des tsars, quand elle s'appelait Saint-Pétersbourg, elle fut le berceau de la révolution russe de 1917. En plus de sa portée symbolique, Leningrad est une ville industrielle, pourvue de très nombreuses usines d'armement. C'est le groupe d'armées Nord, commandé par le général von Leeb, qui est chargé de la prise de la ville. Il

lui a été demandé d'agir avec la dernière célérité. Von Leeb dispose de trois armées, dont une armée blindée, soit un total de dix-huit divisions d'infanterie, deux divisions motorisées et trois divisions blindées. Pour s'emparer du nord de l'Union soviétique, ces troupes apparaissent comme amplement suffisantes.

L'attaque du 22 juin prend par ailleurs les défenseurs soviétiques totalement par surprise. Si les combats sont durs et acharnés, les Allemands progressent très rapidement, font des milliers de prisonniers.

Le 28 juin, une semaine après l'invasion, le conseil de la ville de Leningrad,

répondant aux injonctions de Staline, demeuré à Moscou, décide d'entreprendre les travaux nécessaires à la défense de la ville, tant au sud-est qu'au nord, car on craint naturellement que les Finlandais, vaincus en 1940 par les Russes, n'en profitent pour reprendre la lutte et les territoires perdus.

Au total, près d'un million de civils sont mis à contribution pour creuser des fossés antichars, établir des points fortifiés, en bois et en béton armé, des centaines de kilomètres de barricades, des centaines de kilomètres de réseaux barbelés. C'est une véritable course contre la montre car si les unités soviétiques luttent contre les

LÉNINGRAD 1941-1944

Lac Ladoga

Kraskovo

Lembolovo

LÉNINGRAD

Slissel'burg

Golfe de Finlande

Kronstadt

Mga

Oranienbaum

Pogost'e

Kirisi

Volchov

Krasnogvardeisk

- Soviétiques
- Allemands (groupe d'armées nord)
  Finlandais
- Ligne de front
- Route principale
- Voie ferrée

20 km

Carte réalisée par Alexandre Nicolas

Allemands avec l'énergie du désespoir, elles ne parviennent pas à enrayer
leur avancée.

## La défense s'organise

Mais les Russes obtiennent un léger
répit en raison des hésitations qui agitent
l'état-major allemand. Bientôt le groupe
d'armées Nord se voit privé d'une grande
partie de ses divisions blindées, qui sont
affectées au groupe d'armées Centre, ce

### La symphonie « Leningrad »

Fin 1941, les autorités soviétiques demandent au compositeur Dmitri
Chostakovitch d'écrire une œuvre en hommage à la ville de Leningrad
assiégée. Chostakovitch se trouvait à Leningrad lorsque la ville a été
encerclée et travaillait déjà à une œuvre qui va devenir sa 7e symphonie
dite « Leningrad ». Il en a été évacué en septembre 1941. En mars 1942,
la symphonie est inaugurée à Moscou. Le 9 août, date anniversaire du
siège, elle est jouée à Leningrad même et retransmise par haut-parleurs
vers les lignes allemandes. La légende veut que les bombardements
aient cessé durant la retransmission.

qui n'est pas sans conséquence pour la poursuite des opérations. Le 30 août, la voie ferrée qui reliait Leningrad au reste de la Russie est coupée lorsque les Allemands arrivent sur la Neva, au sud de la ville. Dix jours auparavant, la ville a subi ses premiers bombardements aériens et enregistré ses premières pertes civiles. L'arrivée des Allemands a pris les autorités de la ville par surprise. Le plan d'évacuation de la population n'a pu être mis en place. Erreur ou calcul ? Certains posent encore la question : en retenant les civils dans la ville, Staline espérait-il fanatiser les soldats ? Ne souhaitait-il pas, au contraire, se venger d'une ville trop aristocratique et bourgeoise, qu'il n'avait jamais aimée ? Quoi qu'il en soit, le 8 septembre, la ville de Leningrad est entièrement encerclée, les Finlandais s'étant finalement réveillés et ayant fermé les sorties au nord de la ville. La ville est défendue par quatre armées russes, d'une taille réduite : la 23e armée fait face aux Finlandais au nord, la 42e est déployée à l'ouest, la 55e au sud et la 67e à l'est. Elles sont placées sous les ordres du général Joukov, en qui Staline a toute confiance. Ses troupes doivent faire face à un bombardement, continuel, de la Luftwaffe, mais également de l'artillerie.

## Leningrad affamée

Hitler hésite. Le 22 septembre 1941, il affirme que ses troupes vont « rayer

### Joukov

Le général et futur maréchal Joukov (1896-1974) est déjà un général expérimenté en 1941 lorsque se déclenche l'attaque de l'Union soviétique. Envoyé dès l'été 1941 à Leningrad, il supervise la défense de la ville et en organise les forces armées. Rappelé sur le front de Moscou en octobre, il part ensuite pour Stalingrad avant d'être placé, début 1943, à la tête des troupes russes chargées de rompre l'encerclement des forces allemandes, qu'il parvient a obtenir début 1944.

Saint-Pétersbourg (Leningrad) de la carte » et qu'il prépare un assaut. Mais ses subordonnés, sur le terrain, lui font valoir que la ville est bien défendue, que les effectifs du groupe d'armées Nord sont limités et qu'il ne pourra s'emparer de la ville sans provoquer une véritable saignée. Début novembre, Hitler décide de changer de stratégie : on va réduire Leningrad à la famine.

Cette stratégie, payante mais terrible, les Russes tentent de la contrer. Une petite flotte, qui circule sur le lac Ladoga, permet de subvenir, maigrement, aux

besoins en nourriture et aussi en munitions pour les défenseurs. Lorsqu'à la fin du mois d'octobre, le lac est pris par les glaces, les Russes changent de tactique : on va désormais attendre que la glace soit suffisamment épaisse pour y tracer une route et y faire circuler des convois de camions. Cette « route de la vie », opérationnelle le 12 novembre, permet de ravitailler Leningrad, mais ne peut subvenir à tous ses besoins et ce sont les civils qui en pâtissent au premier chef. Les conducteurs des camions appellent cette voie, quant à eux, la « route de la mort » : bombardée sans cesse par la Luftwaffe, la route se brise parfois sous le poids des véhicules qui s'enfoncent dans les eaux gelées du lac.

## Un siège interminable

En août 1942, la deuxième année du siège commence. Les Russes la commémorent en donnant un concert radiodiffusé dans le monde entier depuis la ville assiégée et, quelques semaines plus tard, en lançant une grande offensive à Sinyarino. Elle se heurte aux préparatifs des Allemands qui voulaient eux aussi lancer une opération. Les deux se soldent par un statu quo.

Il faut finalement attendre le 27 janvier 1944 pour que le siège de Leningrad soit officiellement levé, les troupes allemandes devant battre en retraite face aux offensives soviétiques au sud.

Civils construisant des tranchées à Leningrad (Russie, URSS), 1943.

## Bilan

La ville de Leningrad aura subi le siège le plus long et le plus éprouvant de toute l'histoire humaine : 872 jours durant lesquels la ville a été régulièrement bombardée et surtout réduite à la famine la plus abominable. Dès le début de 1942, on signale des cas de cannibalisme. La majorité des habitants n'a plus de quoi se nourrir. On estime généralement qu'environ un million et demi de personnes sont mortes durant le siège, dont moins d'1 % en raison des combats. La maladie, le froid et surtout la famine ont causé 99 % des décès. Victorieuse, Leningrad est exsangue et aux trois-quarts détruite lorsque les Allemands lèvent le siège.

# Pearl Harbor
## L'attaque surprise japonaise

Fin 1941, la Seconde Guerre mondiale bat son plein depuis plus de deux ans. Les États-Unis sont demeurés neutres, non pas tant par le souhait du président américain Roosevelt que par l'attitude générale de la population américaine, qui s'oppose à la participation des États-Unis à la conflagration mondiale. Mais bien que neutres, les Américains interviennent. Ils appuient économiquement la Grande-Bretagne en lui fournissant du matériel. Et, en Asie, ils ont mis en place un blocus à l'encontre du Japon, pour contraindre cette puissance à cesser son occupation de la Chine. Ce blocus, dirigé vers une île dépendante à plus de 80 % de matières premières stratégiques, comme le pétrole, n'est pas sans provoquer des tensions.

Au Japon, un plan d'attaque des Américains est naturellement prévu depuis longtemps. À l'été 1941, l'invasion de l'Union soviétique par l'Allemagne a renforcé les liens entre cette dernière et l'Empire du soleil levant. À Tokyo, le pouvoir est aux mains d'ultranationalistes, militaires pour la plupart, et qui ne tolèrent pas l'ingérence américaine dans les affaires de Chine. Décision est donc prise, au mois d'octobre 1941, de se lancer dans une opération de grande envergure qui devrait permettre au Japon, du moins comme l'estiment les partisans de cette politique, de disposer d'un empire à sa mesure et qui s'étendrait sur l'essentiel du Pacifique et des nations l'environnant. La Grande-Bretagne et son Commonwealth disposent certes de bases solides en Inde, en Birmanie ou en Australie, mais l'effort de guerre est entièrement tourné vers l'Europe et la Méditerranée, et les Japonais soupçonnent à juste titre que les Britanniques ne pourront sérieusement entraver leur marche. Les Américains, quant à eux, disposent de forces navales conséquentes, déployées pour partie en Californie mais surtout dans la gigantesque base navale d'Honolulu, dans les îles Hawaï, à Pearl Harbor.

### Yamamoto fait part de son scepticisme

Convoqué par le grand état-major nippon, l'amiral Yamamoto, chef des forces navales japonaises, parmi les plus

PEARL CITY

AÉRODROME DE FORD ISLAND

BASE DES
SOUS-MARINS

La flotte américaine à Pearl Harbor, Hawaï, 7 décembre 1941

Navires coulés

Navires gravement endommagés

Navires intacts

© Larivitz Productions/Irina Samavska

modernes du monde, se voit donc proposer de mettre en place et de diriger une attaque surprise contre la base américaine. Lorsqu'on lui demande quelle sont les chances de succès, Yamamoto fait preuve d'un certain fatalisme : *« Je peux vous promettre six mois de victoires ininterrompues. Mais si, à l'issue de ces six mois, les États-Unis n'ont pas été*

### L'amiral Yamamoto

Isoroku Yamamoto (1884-1943) commande la flotte japonaise de Pearl Harbor. Esprit novateur, grand partisan des porte-avions, Yamamoto a fait une partie de ses études d'officier de marine aux États-Unis. Ses avertissements sur la puissance navale américaine ne seront pas écoutés. Il meurt en 1943, abattu dans son avion, au-dessus de Bougainville, dans les îles Salomon, par un groupe de chasseurs américains qui avaient été prévenus de son trajet. Ainsi disparut le génial stratège qui avait permis au Japon, six mois durant, de voler de victoire en victoire.

*contraints de demander la paix, je ne réponds plus de rien. »*

Le feu vert lui est malgré tout donné. L'attaque doit avoir lieu le 7 décembre 1941. Si la force principale se porte sur Hawaï, les troupes japonaises attaqueront simultanément de nombreuses positions dans tout le Pacifique, les îles Aléoutiennes, au sud-ouest de l'Alaska aux Philippines en passant par Guam. Pour attaquer Pearl Harbor, Yamamoto dispose de six porte-avions, deux cuirassés, quelques croiseurs et destroyers, ainsi que des sous-marins de poche qui devront pénétrer dans le port pour torpiller les navires américains au mouillage. L'attaque principale sera effectuée par les aviateurs embarqués à bord des porte-avions.

## Tout est calme à Hawaï

En face, si quelques alertes ont été données, on n'a pas voulu les prendre très au sérieux. Ce dimanche matin-là, tout est calme à Hawaï. Pourtant, vers 4 h 00 du matin, un destroyer patrouillant dans les eaux du port rapporte qu'il a manifestement détruit à coups de grenades un sous-marin qui tentait de pénétrer dans la rade. Sur les hauteurs d'Oahu, principale île de l'archipel, un jeune radariste en formation repère, sur son écran, une importante masse d'avions filant à grande allure vers l'île. La masse est à ce point énorme que son formateur pense qu'il s'agit d'une erreur (les radars ne

### Les porte-avions

Les porte-avions apparaissent timidement dans l'arsenal des grandes puissances navales à la fin de la Première Guerre mondiale. Le Japon, en pointe dans ce domaine, dispose d'une imposante flotte en la matière, dont six participent à l'attaque sur Pearl Harbor. Ils embarquent des avions de chasses, chargés de patrouiller au-dessus de la flotte mais aussi d'escorter des bombardiers et torpilleurs. La perte de quatre porte-avions lors de la bataille de Midway, en juin 1942, sonnera le glas de la marine japonaise.

sont pas encore très au point). Un coup de fil est finalement passé au quartier général de la flotte. Aucun officier n'est disponible et on ordonne aux deux radaristes de rentrer à la base, car ils sont en retard. Lorsqu'une demi-heure plus tard leur véhicule arrive à la base, ils sont survolés par une masse d'avions blancs aux cocardes rouges. L'attaque vient de commencer.

## La surprise est totale

Cette attaque prend les défenseurs totalement par surprise. L'aérodrome situé au centre de la rade est bombardé et mitraillé, de très nombreux appareils

sont détruits. La DCA, la défense anti-aérienne, ne tire que de manière sporadique sur les bombardiers et torpilleurs de la première vague qui passent à l'attaque à 7 h 40. Cette première offensive provoque de gros dégâts, en particulier sur les navires ancrés le long de l'île Ford. Sur les 183 appareils qui participent à ce premier assaut, neufs sont abattus. La seconde vague, qui frappe à 8 h 30, ne compte que 167 appareils, dont vingt sont abattus, signe que les défenseurs se sont réveillés.

À l'issue de cette deuxième vague d'assaut, les dégâts sont impressionnants. 2 400 Américains sont morts, quatre cuirassés ont été coulés, quatre autres endommagés, trois croiseurs ont été envoyés par le fond et 188 avions ont été détruits, pour la perte de 5 sous-marins de poche et de 29 avions. Mais il s'agit d'un bilan en trompe-l'œil. Les réserves de carburant de la flotte sont intactes et, surtout, les navires coulés sont pour l'essentiel des cuirassés. Or la jeune garde de l'aviation embarquée, appuyée par Yamamoto, espérait également cueillir au nid les porte-avions américains qui, le jour de l'attaque, étaient en manœuvre. Désireux de les trouver, les pilotes réclameront en vain une troisième attaque. Mais Yamamoto, qui redoute une contre-attaque, décide de lever l'assaut. La bataille de Pearl Harbor n'aura duré que quatre heures.

Front du Pacifique. Attaque de Pearl Harbor prise d'un avion japonais, le 7 décembre 1941.

## Bilan

Le jour même de cette attaque, les États-Unis déclarent la guerre au Japon. C'est, de fait, la principale conséquence de cet événement. Car, en réalité, et à y regarder de plus près, l'attaque japonaise de Pearl Harbor n'est rien d'autre que la plus belle occasion manquée de l'histoire. La suite de la guerre va le prouver : les cuirassés ne vont jouer aucun rôle majeur dans le Pacifique. L'essentiel des affrontements sera aéronaval, porte-avions contre navires. Les deux porte-avions que les Japonais espéraient détruire participeront à la défaite japonaise de Midway, moins de six mois plus tard. Les fameux six mois dont Yamamoto avait parlé...

# Singapour
## Défaite cuisante pour les Britanniques

Le 6 décembre 1941, à la surprise générale, le Japon a attaqué la base navale américaine de Pearl Harbor. Mais la base des îles Hawaï n'a pas été la seule à être visée : presque toutes les bases américaines du Pacifique ont été prises pour cible, et les possessions des autres puissances européennes, hollandaises et britanniques sont elles aussi directement menacées.

Le 6 décembre 1941, alors que l'attaque sur Pearl Harbor est déjà connue, un bombardier britannique en mission de reconnaissance repère, en mer de Chine méridionale, au sud de la péninsule indochinoise, un important convoi naval japonais sans parvenir à déterminer avec précision sa destination. La nouvelle connue à Singapour, quartier général des forces britanniques dans le secteur, n'est pas sans inquiéter. Si les Japonais font route vers Bangkok et la Thaïlande, au nord de la péninsule de Malaisie, les Britanniques ne pourront guère l'arrêter. Le terrain est par ailleurs peu propice aux manœuvres et il est donc délicat de mouvoir d'éventuelles

réserves sans savoir précisément où les Japonais vont frapper. Malheureusement pour les Britanniques, le climat, très mauvais, gêne considérablement les opérations aériennes. Ce n'est que le lendemain, 7 décembre, vers 21 heures, que le général Wavell, en charge de ce secteur, est enfin averti que les navires japonais font route vers l'isthme de Kra, étroite bande de terre qui sépare la Malaisie de la Thaïlande. Mais lorsqu'il apprend la nouvelle, le débarquement est déjà en cours.

### Une invasion rapide

Les Japonais, commandés par le général Yamashita, ont en effet débarqué à

Singora et Pattani, en Thaïlande, ainsi qu'à Kota Bharu, en Malaisie, de part et d'autre de la frontière. Les troupes déployées sur place ne peuvent guère opposer de résistance et, en moins de 24 heures, les Japonais disposent de trois têtes de pont solides.

Sur le papier, le rapport de force n'est pas favorable aux Japonais. Ils ne disposent que de 60 000 hommes contre près de 90 000 aux Britanniques, rien que pour la Malaisie. Mais les troupes britanniques souffrent de plusieurs maux. Le premier est leur dispersion qui, dans un pays de jungle, très accidenté, et où les routes en bon état son rares, rend compliquées la réunion et la collaboration

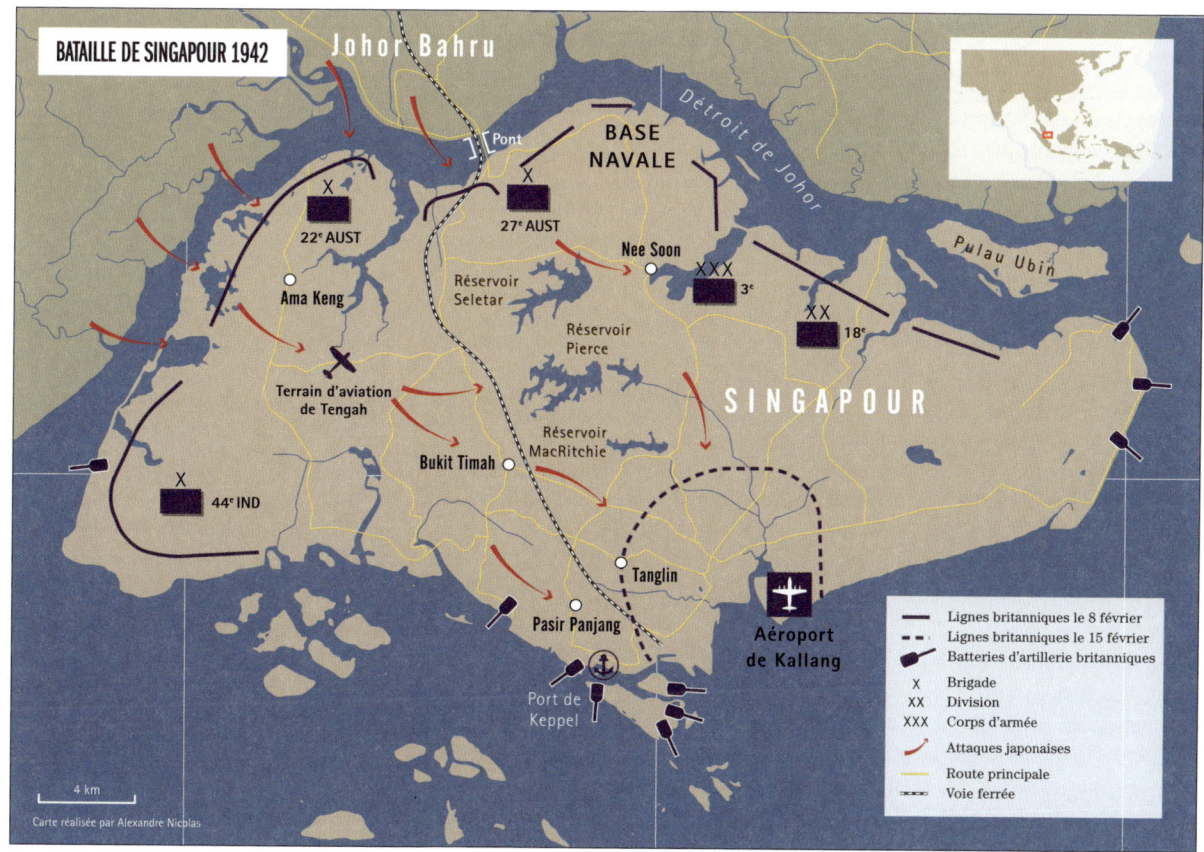

**BATAILLE DE SINGAPOUR 1942**

Johor Bahru

Détroit de Johor

Pulau Ubin

BASE NAVALE

Pont

X 22ᵉ AUST

X 27ᵉ AUST

Ama Keng

Nee Soon

Réservoir Seletar

XXX 3ᵉ

XX 18ᵉ

Réservoir Pierce

SINGAPOUR

Terrain d'aviation de Tengah

Réservoir MacRitchie

Bukit Timah

X 44ᵉ IND

Tanglin

Pasir Panjang

Aéroport de Kallang

Port de Keppel

Lignes britanniques le 8 février
Lignes britanniques le 15 février
Batteries d'artillerie britanniques
X Brigade
XX Division
XXX Corps d'armée
Attaques japonaises
Route principale
Voie ferrée

4 km

Carte réalisée par Alexandre Nicolas

des troupes. Le second est que les forces britanniques sont composées pour une grande partie de supplétifs locaux peu enthousiastes, ou de troupes continentales issues du Commonwealth, pour la plupart inexpérimentées. L'armée de Malaisie ne dispose que de très peu de chars et d'artillerie et son aviation est obsolète.

## Le Tigre de Malaisie

Le général Tomoyuki Yamashita (1885-1946) est entré dans l'histoire sous le surnom de Tigre de Malaisie. Adversaire résolu de la politique expansionniste du gouvernement japonais, il obéit pourtant en soldat et se trouve à la tête des opérations contre les colonies britanniques. Sa brillante victoire à Singapour est ternie très rapidement par les exactions commises par ses troupes à l'égard des populations civiles. Condamné pour crimes de guerre, il est pendu en 1946.

Obsolète et rapidement mise hors de combat. Car le 8 décembre, à 4 h 30 du matin, les aérodromes de Singapour, le Gibraltar de l'Asie, sont attaqués par l'aviation japonaise. La ville est également prise pour cible. Ce premier bombardement sera suivi de beaucoup d'autres.

## À Singapour on temporise

À Singapour même, le commandant de la place, le général Percival, ne sait que faire. Comme la plupart de ses compatriotes, il tient Singapour pour imprenable, mais il a du mal à se faire une idée précise des intentions japonaises, même si l'axe d'attaque semble indiquer que les Japonais entendent isoler la Malaisie de la Thaïlande pour s'emparer de la ville dont il a la charge. C'est pourquoi, dans la soirée du 8 décembre, il autorise le départ de deux navires à destination du nord, afin de se renseigner et si possible de perturber le débarquement de troupes. Trois jours plus tard, ces deux navires, le Repulse et le Prince of Wales, sont coulés par l'aviation japonaise.

Pendant ce temps, l'armée japonaise progresse à l'intérieur des terres, à la vitesse de l'éclair. Les Japonais utilisent partout la même méthode. Sur les rares routes praticables, leurs chars ouvrent la marche, provoquant souvent la fuite des rares éléments britanniques qui tentent de les arrêter. Si les défenseurs s'obstinent, l'infanterie, qui suit en camion,

### La triste fin du Prince of Wales

Après avoir participé à la bataille contre le Bismarck en mai 1941, le Prince of Wales se trouve à Singapour en décembre 1941 lorsque les Japonais passent à l'attaque. Il appareille le 8 décembre en compagnie du croiseur Repulse et, le 11 décembre à 11 heures, est attaqué par des avions torpilleurs japonais qui, ironie du sort, le frappent au gouvernail, comme le Bismarck. Il est finalement coulé à 13 h 20, sans avoir vu un navire ennemi. Cette triste fin annonce la suprématie des porte-avions dans la guerre du Pacifique et l'obsolescence des cuirassés.

se disperse alors dans la jungle environnante pour encercler le point d'appui dont les défenseurs décampent souvent avant d'être annihilés.

Au milieu du mois de janvier, les deux-tiers de la péninsule sont aux mains des Japonais, qui progressent vers Singapour. Le général Wavell ordonne un repli de ses troupes vers le sud et Johor. Le 31 décembre, les dernières troupes franchissent la chaussée qui sépare la Malaisie de Singapour, avant de la faire sauter. Singapour est coupée du monde. Soumise à des bombardements permanents de

l'aviation japonaise, l'île est également en proie aux incendies volontaires provoqués par les Britanniques qui, craignant le pire désormais, n'entendent pas livrer de trop grandes quantités de matériel à l'ennemi.

## La fin est proche

Le 8 février, vers 23 h 00, l'artillerie japonaise, déployée face à l'île de Singapour, distante d'un kilomètre du rivage, débute son tir de barrage sur les positions défensives des Britanniques. Quelques heures plus tard, sous le couvert de l'obscurité, les premières unités d'assaut japonaises débarquent au nord-ouest de l'île. Face à elles, deux maigres bataillons australiens inexpérimentés se font tailler en pièces. Leurs survivants se dispersent en proie à la plus grande panique. À l'aube du 9 février, près de 23 000 Japonais ont pris pied sur l'île et se sont emparés de la chaussée qu'ils remettent en état. C'est chose faite le 12 février. Les blindés et l'artillerie peuvent à présent soutenir l'infanterie japonaise.

Le lendemain, le général Yamashita offre au général Percival de capituler. Ce dernier hésite et ne répond pas, attendant des instructions de ses supérieurs. Ces derniers ne lui donnant guère de raison d'espérer, il accepte de rencontrer le général Yamashita le 15 février. Un accord de cessez-le-feu est conclu. À 20 h 30, le siège prend officiellement fin.

Marine britannique, le croiseur « Repulse », janvier 1941.

## Bilan

La chute de Singapour est un véritable choc pour les Anglais. L'armée japonaise, jusqu'alors considérée avec dédain par les Occidentaux, a fait preuve de ses talents d'organisation et de l'excellence de ses soldats. Les fantassins japonais ont prouvé qu'ils étaient de redoutables combattants dans la jungle, capables de se déplacer très rapidement, en utilisant parfois des bicyclettes pour transporter du matériel lourd. Ils feront école.

Au total, 120 000 soldats britanniques partent en captivité, dont un très grand nombre n'y survivra pas. La route de l'Indonésie est à présent ouverte. Java, Sumatra et Bornéo vont bientôt tomber aux mains des Japonais.

# Sébastopol
## Manstein en Crimée

L'ouverture du front russe, en 1941, a vu les Allemands et leurs alliés remporter des succès considérables dès les premières semaines de l'offensive. Rapidement, le sud de la Russie et la péninsule de Crimée, en mer Noire, sont envahis par les Allemands qui buttent cependant sur un roc : Sébastopol.

La ville de Sébastopol est, depuis longtemps, un port stratégique pour la Russie. Située à l'ouest de la péninsule de Crimée, Sébastopol est une des plus importantes fortifications au monde et a déjà fait l'objet d'un siège sanglant et long en 1854, mené par les Britanniques et les Français. Située sur un promontoire, qui rend son accès délicat par voie terrestre, avec des vallées très encaissées, Sébastopol est également bordée de falaises sur sa façade maritime. La citadelle apparaît donc comme un obstacle formidable. Malgré cela, les Allemands sont plutôt confiants en ce début d'été 1941, ayant considéré que la Crimée tomberait comme un fruit mûr une fois le gros de l'armée rouge anéanti sur le Dniepr. Les Allemands doivent s'en emparer pour des raisons stratégiques. La ville sert de base navale à la flotte russe, de loin la plus menaçante pour les forces de l'Axe, car elle peut intervenir sur les rives de Roumanie. Ses bases aériennes permettent également à l'aviation russe de bombarder les champs pétrolifères roumains. Hitler décrit ainsi la Crimée comme un *« porte-avions soviétique en mer Noire »*.

### S'emparer de la Crimée

Le 17 septembre, le général Manstein se voit confier le commandement de la 11ᵉ armée allemande, chargée de s'emparer de la Crimée. Après une planification méticuleuse et l'adjonction de renforts, notamment d'une armée roumaine, l'essentiel tombe entre ses mains au milieu du mois de novembre 1941. Ne reste alors plus que la ville de Sébastopol et la pointe extrême, à l'est, formée par la péninsule de Kertch, qui permet de relier la Crimée au continent.

Les Russes disposent d'effectifs tout à fait suffisants pour soutenir un siège de longue durée. Fin octobre 1941, l'armée côtière du général Petrov a quitté Odessa pour Sébastopol. Elle est forte de 32 000 hommes et vient renforcer la 51ᵉ armée déjà présente ainsi que les

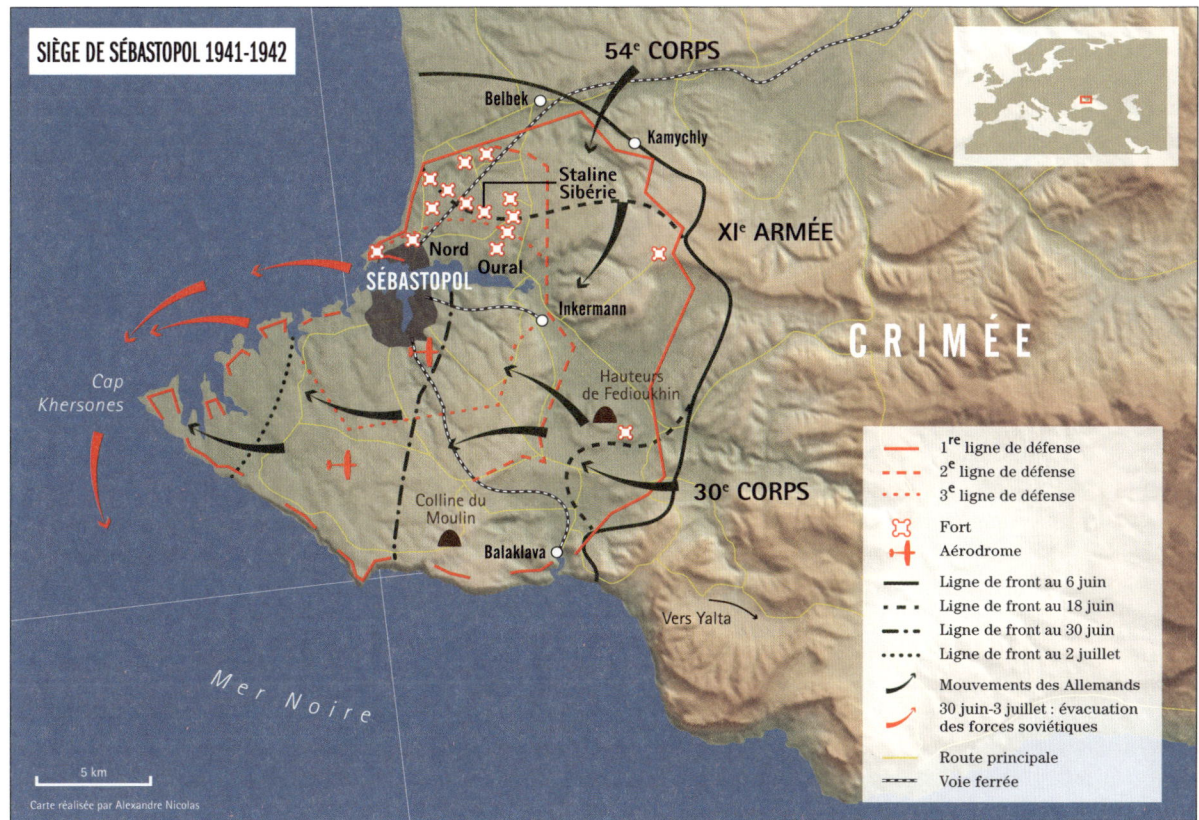

SIÈGE DE SÉBASTOPOL 1941-1942

54e CORPS

Belbek

Kamychly

Staline
Sibérie

XIe ARMÉE

Nord
Oural

SÉBASTOPOL

Inkermann

CRIMÉE

Cap
Khersones

Hauteurs
de Fedioukhin

30e CORPS

Colline du
Moulin

Balaklava

Vers Yalta

Mer Noire

5 km

Carte réalisée par Alexandre Nicolas

1<sup>re</sup> ligne de défense
2<sup>e</sup> ligne de défense
3<sup>e</sup> ligne de défense
Fort
Aérodrome
Ligne de front au 6 juin
Ligne de front au 18 juin
Ligne de front au 30 juin
Ligne de front au 2 juillet
Mouvements des Allemands
30 juin-3 juillet : évacuation
des forces soviétiques
Route principale
Voie ferrée

vaillantes troupes de marine russes.
L'amiral Oktyabrsky, avant même l'offensive de Manstein dans sa direction, a décidé, avec Petrov, de renforcer les défenses de la ville en établissant un périmètre de trois lignes défensives, dont l'extérieur mesure 16 kilomètres de long. Pour l'établir, la population de Sébastopol, soit plus de 100 000 habitants, est mise à contribution.

## Le général Petrov

Le général Ivan Petrov (1896-1958) débute sa carrière dans l'armée rouge lors de la guerre civile. En 1941, il est général, en charge de la défense d'Odessa. Accrocheur et déterminé, il défend Odessa pied à pied avant de recevoir l'ordre de défendre la Crimée et particulièrement la ville de Sébastopol, dont il dirige la défense d'une main de fer. Il fait partie des derniers à quitter la ville, à bord d'un sous-marin. Il sera fait héros de l'Union soviétique après la guerre pour son action à Sébastopol.

Malgré les succès remportés par Manstein, la Crimée ne tombe pas toute entière dans les mains des Russes, qui peuvent par ailleurs continuer de ravitailler Sébastopol par voie de mer, malgré la présence de la Luftwaffe. Fin octobre, les troupes de Manstein s'emparent des hauteurs de Balaklava au sud de la ville mais ne peuvent progresser davantage. La fin de l'année se déroule sans offensive majeure de part et d'autre, mais chaque camp attend le dégel pour passer à l'action. En attendant, la ville est soumise à un intense bombardement. Pour protéger les habitants, mais également des dépôts de munitions et l'industrie, les autorités les déplacent dans les très nombreuses grottes qui entourent la ville et où ils se trouvent enfin à l'abri, ainsi que dans les caves, très profondes et taillées souvent dans la roche.

## L'assaut contre Kertch

Le 8 mai 1942, Manstein se lance à l'assaut de la péninsule de Kertch. Le bombardement préliminaire tente de bouleverser les lignes de casemates et les fossés antichars qui en barrent l'accès. Les sapeurs du génie s'élancent au nord de la ligne, mais sont assez facilement repoussés par les Russes qui ont jeté toutes leurs forces dans la bataille. Erreur fatale : il s'agit d'une feinte. Les Allemands ont en effet déployé une partie de leurs forces dans une flottille d'assaut qui contourne les défenses et débarque sans coup férir

### Thor, dieu de la guerre germanique

Thor, dieu de la guerre germanique, est le surnom donné à un obusier automoteur utilisé devant Sébastopol. Pesant 124 tonnes, pour une longueur de 11 m, son tube de 420 mm est actionné par un équipage de 21 hommes. Les obus (Thor peut en tirer un toutes les 10 minutes) doivent être mis en place dans l'obusier à l'aide d'une grue. Leur calibre est de 600 mm, le plus gros calibre connu. Trois obusiers de ce type sont déployés devant Sébastopol, avec des effets dévastateurs.

au sud, derrière la première ligne. Les Russes sont pris totalement par surprise. Le 17 mai, près de 180 000 Russes sont faits prisonniers, Kertch est aux mains des Allemands. Ce désastre isole davantage encore la ville de Sébastopol.

Le 2 juin, les Allemands reprennent leur assaut sur Sébastopol. Cette fois, rien n'est laissé au hasard. De l'artillerie de siège est déployée et commence le pilonnage.

## L'attaque finale

Le 7 juin, Manstein lance ses troupes à l'assaut. Il a reçu ordre de régler le problème de Sébastopol afin de libérer ses troupes pour participer à la grande offensive d'été dans le sud de la Russie. Sept divisions allemandes et deux divisions roumaines participent à cette attaque, au nord de la ville, notamment contre l'ouvrage Maxim Gorky. Il faut attendre le 9 juin pour que les premiers éléments des troupes de l'Axe parviennent à percer la ligne. Le 13 juin, elles capturent le Fort Staline (un surnom donné par les Allemands, pas par les Russes) après quatre jours de combats acharnés. Les chiffres parlent d'eux-mêmes : la 22e division allemande ne fait que quatre prisonniers, qui ne se rendent qu'après le suicide du commissaire politique en charge de la place. Maxim Gorky tombe le 17 juin, victime de charges creuses allemandes.

Le 20 juin, la plupart des forts protégeant le nord de la ville sont tombés aux mains des Allemands, dont le Fort Nord, qui longe la baie de Severnaya. La ville est à moins d'un kilomètre. Le 28 juin, Manstein, qui a rassemblé des embarcations d'assaut, décide d'attaquer Inkerman et ses hauteurs, à l'est de la ville, de l'autre côté de la baie. Dans les falaises d'Inkerman se trouve une usine d'armement dissimulée, mais également des milliers d'habitants qui y ont trouvé refuge. Se sachant pris, les responsables décident de tout faire sauter. Des milliers de civils périssent dans l'explosion. Dans la ville même, les officiers incendient et font sauter tout ce qui risque d'être utilisé par les Allemands, avant l'inévitable reddition, qui a lieu le 3 juillet.

Erich von Manstein (1887-1973), maréchal allemand, inspectant le port de Sébastopol sur la Mer Noire après la prise de la ville.

## Bilan

Le 3 juillet 1942, le siège de Sébastopol prend donc fin. Le général Manstein a fait preuve d'un talent réel d'organisateur et son plan a fonctionné à merveille. L'armée allemande met la main sur des quantités ahurissantes de matériel et de munitions en tout genre. Mais malgré cette défaite, les Russes peuvent estimer que les défenseurs de Sébastopol ont joué leur rôle admirablement : durant près de huit mois, ils ont immobilisé près de trois armées, qui n'ont pu être employées ailleurs. Mais 90 000 soldats russes l'ont payé de leur vie.

# Bir Hakeim
## La première victoire de la France libre

En juin 1942, la guerre fait rage depuis bientôt trois ans. Ayant refusé la défaite et l'armistice signé par la France et le remplacement de la III<sup>e</sup> République par le régime de Vichy du maréchal Pétain, le général de Gaulle, réfugié à Londres, a eu bien du mal à obtenir une quelconque légitimité. Fort heureusement pour lui, certains soldats français présents sur le sol britannique se sont alliés à lui dès l'été de 1940. Avec le concours et l'appui bienveillant mais vigilant des Britanniques, de Gaulle a ainsi pu monter l'embryon des Forces françaises libres.

Parmi elles se trouvent, dès le mois de juillet 1940, des soldats français ayant participé à la malheureuse expédition de Narvik, dont deux bataillons de la 13<sup>e</sup> Demibrigade de Légion étrangère (DBLE). Aussitôt ralliés à de Gaulle, ils forment le noyau de la 1<sup>re</sup> brigade française libre, qui est bientôt envoyée en Afrique, pour combattre aux côtés des Britanniques, contre les Italiens. En 1942, la 1<sup>re</sup> BFL fait partie de l'armée britannique qui vient d'évacuer la Cyrénaïque libyenne sous la pression des Italiens et des Allemands du général Rommel. Les Britanniques sont déployés sur une ligne partant de Gazala à Bir Hakeim, position la plus septentrionale de la ligne de défense. Cet ancien poste méhariste italien se trouve à 65 km au sud de la côte méditerranéenne et c'est là que la 1<sup>re</sup> BFL est déployée. Véritable camp retranché, il est occupé par les Français dont les effectifs s'élèvent à 3 700 hommes environ : la 13<sup>e</sup> DBLE a été rejointe par le 1<sup>er</sup> bataillon du Pacifique, venu de Nouvelle-Calédonie, le 2<sup>e</sup> bataillon de marche de l'Oubangui-Chari, le 1<sup>er</sup> bataillon de fusiliers marins, le 1<sup>er</sup> bataillon d'infanterie de marine, le 1<sup>er</sup> régiment d'artillerie coloniale, la 22<sup>e</sup> compagnie nord-africaine et la 101<sup>e</sup> compagnie auto. Le poste de Bir Hakeim est fort bien défendu, par des marais de mines qui s'étendent tout autour de la position. À l'intérieur, la majorité des troupes et des batteries d'artilleries sont enterrées et bien protégées.

### Bir Hakeim est encerclé
Le 26 mai 1942, les forces de l'Axe passent à l'attaque sur toute la

ligne. Leur objectif consiste à percer le centre de la ligne britannique à Got El Oualeb et à s'emparer de Bir Hakeim afin de tourner la ligne de défense et de se rabattre sur les arrières des Britanniques pour leur couper toute retraite. Si les forces allemandes et italiennes échouent au nord, elles parviennent à contourner la position des Français, qui se retrouvent encerclés dès le lendemain de l'offensive. Le 27 mai, la première attaque à lieu depuis l'est, en direction des positions tenues par le 2e bataillon de la 13e DBLE. C'est un régiment de chars italiens qui s'y aventure. Les mines et les tirs précis

BIR HAKEIM : PLAN DU POINT D'APPUI

† PC Koenig / 1re BFL
⚓ Batteries de 75 mm
⬠ Fortin
◯ Position des unités
▪ Champs de mines
▪ Marais de mines

Le camp retranché
de Bir Hakeim
en mai 1942.

## La 13e DBLE

La 13e Demi-brigade de Légion étrangère, dénomination curieuse en vérité, est créée le 1er mars 1940 pour participer à l'opération franco-britannique censée couper la route du fer de Norvège. Après l'échec, cette unité est rapatriée en Angleterre. Lorsque, après la signature de l'armistice, lui vient l'ordre de regagner la France, la majorité de ses hommes refuse. Le fait que ses deux bataillons sont pour l'essentiel composés d'Espagnols antifranquistes, d'Allemands antinazis et d'Italiens antifascistes explique pour une large part leur attitude ; ces hommes craignaient de tomber aux mains de leurs bourreaux.

des batteries antichars françaises provoquent une véritable hécatombe. En moins d'une demi-heure, les Italiens perdent 32 véhicules blindés sur les 50 engagés, dont 18 sautent sur des mines.

## Les contre-attaques françaises

Durant les jours qui suivent, le secteur est relativement calme, car Rommel concentre ses attaques sur le nord de la ligne britannique, qu'il commence à percer. Bir Hakeim est alors une position mineure, que l'on se contente d'encercler sans l'attaquer et que l'on réduira ensuite. Mais les Français ne restent pas inactifs. Chaque nuit, des éléments motorisés, les jock colonnes, effectuent des sorties et attaquent les convois ennemis, leur infligeant de lourdes pertes.

Dès le 3 juin, l'aviation allemande et italienne commence à bombarder Bir Hakeim. Le général Kœnig, qui commande la 1re Brigade française libre, reçoit, dans la journée, un message de Rommel qui lui intime l'ordre de se rendre. Kœnig refuse. Du 2 au 6 juin, des assauts sont effectués sur les positions du 1er bataillon du Pacifique, au sud-ouest de la position et sur celles du 2e bataillon de marche de l'Oubangui-Chari, à l'ouest. Allemands et Italiens parviennent à progresser dans les champs de mines, tandis que leur

### Le général Kœnig

Pierre Kœnig (1898-1970), issu d'une famille alsacienne mais né à Caen, adjoint du commandant de la 13e DBLE en 1940, se rallie à la France libre et part combattre en Érythrée et au levant. Petit, le visage barré par une moustache, sa mauvaise dentition et son allure peu martiale lui valent le surnom de « vieux lapin » au sein des troupes de la 1re BFL qu'il commande à partir de 1941. Résistant durant près de 15 jours à Rommel, le « Renard du désert », le « vieux lapin » poursuit son ascension. Il est général en chef des Forces françaises de l'intérieur (FFI) en 1944. Il sera fait maréchal de France après la guerre.

aviation pilonne le camp, mais ils subissent des pertes importantes en raison des tirs de la DCA française et du soutien massif de la RAF.

## La sortie

Pour les Britanniques, l'heure est en effet grave : leurs troupes sont en repli sur toute la ligne et seule la position de Bir Hakeim continue de résister. Elle

peut donc leur permettre de gagner du temps pour se réorganiser et ils font l'impossible pour que les Français se maintiennent.

Le 9 juin, les munitions commencent à s'épuiser et les troupes allemandes, qui attaquent au nord cette fois, parviennent à pénétrer dans le dispositif défensif français, s'emparant d'un poste d'opération. Les demandes de reddition continuent, auxquelles les Français continuent de refuser de répondre. Vers 13 h 30, le PC de Kœnig reçoit un message du commandement britannique : la position de Bir Hakeim n'est plus essentielle pour protéger les restes de l'armée britannique qui s'est ressaisie. On lui recommande donc l'évacuation.

Opération complexe : la position est à présent totalement encerclée et à plus d'une centaine de kilomètres des nouvelles lignes britanniques. Dans la nuit du 10 au 11 juin, les Français effectuent donc une sortie, abandonnant les blessés intransportables au soin des équipes médicales. Afin de surprendre l'adversaire, qui s'attend naturellement à les voir s'extraire vers l'est, la route la plus courte, les Français sortent en masse vers l'ouest jusqu'à un point de rendez-vous, puis se dispersent vers le nord-est et le sud-est. Le lendemain matin, plus de 2 000 soldats français ont déjà rejoint les lignes britanniques.

Campagne d'Afrique du Nord. Légionnaires à la bataille de Bir Hakeim (Libye), 9 juin 1942.

## Bilan

La BFL a perdu, en une nuit 25 % de ses effectifs. Au total, 2 600 hommes sur les 3 700 présents ont rejoint les lignes britanniques. Les Français n'ont pas capitulé et, durant près de 15 jours, ont tenu tête aux armées allemandes et italiennes. Le général de Gaulle, apprenant la nouvelle, s'isole et pleure de joie : la France vient de remporter sa première victoire de la Seconde Guerre mondiale. Son message, sibyllin, envoyé au général commandant la Iʳᵉ BFL illustre à merveille le sentiment de l'heure : « *Général Kœnig, dites à vos hommes que la France vous regarde et que vous êtes son honneur.* »

juin
**1942**

# Midway
## La roue tourne

Les Japonais enregistrent une série de succès tels que rien ne semble pouvoir les arrêter au printemps de 1942. La Papouasie est directement menacée ainsi que la Nouvelle-Guinée et, pour empêcher les Japonais d'y prendre pied, se déroule, le 7 mai 1942, la bataille de la mer de Corail dont l'objectif est de défendre l'Australie d'une invasion japonaise. Elle se solde par la perte d'un porte-avions japonais, le Shoho, et par celle du Lexington, côté américain. Le porte-avions Yorktown est quant à lui gravement endommagé, comme le porte-avions japonais Shokaku.

Le Yorktown regagne Pearl Harbor le 28 mai, pour être réparé. Son chef mécanicien estime que le navire devra rester immobilisé 90 jours. Mais l'amiral Spruance, qui commande la flotte, lui fait savoir qu'il ne dispose que de 45 heures pour le remettre à flot. Il a en effet un besoin plus qu'urgent de ce porte-avions, au nord, non loin de l'atoll de Midway, sur lequel se trouve une base de soutien de la marine américaine et qui offre, par sa position, un appui certain à la flotte américaine du Pacifique. Or, les amiraux Fletcher et Spruance, en charge du secteur, ont appris que les Japonais ont

l'intention d'y débarquer des troupes, sous le couvert d'une énorme flotte de guerre. Quatre porte-avions, l'Akagi, le Kaga, le Hiryu et le Soryu, qui avaient participé à l'attaque contre Pearl Harbor, sont présents. Pour leur faire face, les Américains disposent du Yorktown, en piteux état, de l'Enterprise et du Hornet, mais surtout, de l'effet de surprise.

Cet effet de surprise tient naturellement au fait que les Américains sont renseignés sur les intentions des Japonais, contrairement aux Japonais, mais aussi sur le fait que ces derniers tiennent – et à fort bon droit – le Yorktown pour indisponible.

Ils ont donc toutes les raisons d'être confiants, ignorant que, depuis le début du mois de juin, deux flottes américaines croisent au nord-est de Midway…

### La flotte japonaise se rapproche

Le 3 juin, un appareil de reconnaissance repère le convoi japonais. Par son cap, il en déduit et confirme que Midway est bien la destination. Le lendemain matin, des appareils de bombardement lourd décollent de l'île de Midway pour attaquer le convoi. Il ne faut surtout pas employer d'aviation embarquée, qui trahirait la présence des

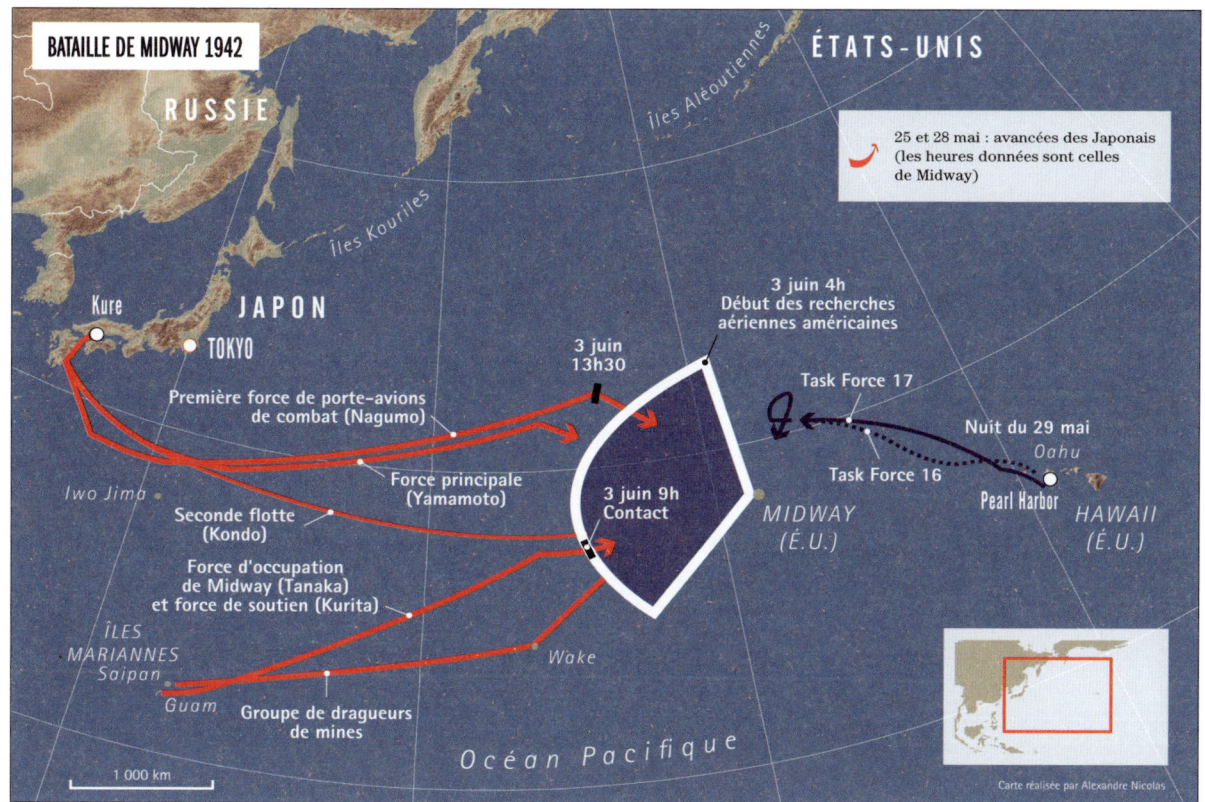

**BATAILLE DE MIDWAY 1942**

RUSSIE

ÉTATS-UNIS

Îles Aléoutiennes

Îles Kouriles

25 et 28 mai : avancées des Japonais
(les heures données sont celles
de Midway)

Kure

JAPON

TOKYO

Première force de porte-avions
de combat (Nagumo)

3 juin
13h30

3 juin 4h
Début des recherches
aériennes américaines

Task Force 17

Nuit du 29 mai

Oahu

Force principale
(Yamamoto)

Iwo Jima

Seconde flotte
(Kondo)

Force d'occupation
de Midway (Tanaka)
et force de soutien (Kurita)

3 juin 9h
Contact

Task Force 16

MIDWAY
(É.U.)

Pearl Harbor

HAWAII
(É.U.)

ÎLES
MARIANNES
Saipan

Wake

Guam

Groupe de dragueurs
de mines

Océan Pacifique

1 000 km

Carte réalisée par Alexandre Nicolas

porte-avions. Cette attaque est un échec à peu près complet, mais elle a pour effet de convaincre l'amiral commandant la flotte qu'il est nécessaire d'attaquer les défenses de l'île avant de débarquer des troupes. Des bombardiers décollent vers Midway, escortés par des chasseurs zéros, et détruisent de nombreuses installations ainsi que la majorité des avions de chasse chargés de la protection de l'île, sans perdre un seul

## Ruse de guerre

Les Américains ont depuis longtemps cassé le code de la marine japonaise, mais cette dernière utilise souvent des codes pour désigner des objectifs. Lorsqu'ils ont vent qu'une vaste opération se prépare contre « AF », ils décident d'employer une ruse grossière et qui s'avère payante : Midway fait savoir que ses distillateurs d'eau de mer sont en panne dans un message envoyé en clair au QG des forces navales. Immédiatement, un câble japonais mentionne que « AF » risque de manquer d'eau douce. Le mystère est dissipé. Les Japonais vont attaquer à Midway et les Américains peuvent se préparer.

appareil. Il est alors prévu que les avions, sitôt appontés, seront équipés de torpilles, pour attaquer les éventuels navires américains qui ne manqueront pas d'arriver sur les lieux.

Le pilote commandant la vague d'assaut fait son rapport à l'amiral Nagumo, qui commande cette flotte d'assaut. Il lui affirme qu'un nouveau raid est nécessaire pour écraser définitivement la résistance des Américains et détruire ce qui ne l'a pas encore été. Nagumo accepte et ses avions bombardiers font donc le plein de kérosène et sont à nouveau pourvus de bombes afin d'attaquer Midway. Détail qui va avoir son importance, les torpilles, remontées depuis les soutes des porte-avions, demeurent sur les ponts des navires, tandis que les bombes sont fixées sous les ailes des avions, qui décollent pour une nouvelle attaque.

Ce que Nagumo ignore, c'est que les Américains ont repéré ses porte-avions déployés en retrait de la flotte d'invasion et que le Hornet et l'Enterprise sont désormais à une distance qui permet à leurs appareils d'attaquer. À 7 heures du matin, le 4 juin, les premiers avions décollent et se rassemblent en formation, près à parcourir les quelque 200 kilomètres qui les séparent des Japonais.

## Première attaque américaine

Mais ces derniers ont été enfin prévenus. À 7 h 20, un hydravion de reconnaissance

### L'aviation embarquée

Arme récente, l'aviation embarquée joue un grand rôle dans les batailles navales de la guerre du Pacifique. Côté japonais, les Zéros (chasseurs), Val (bombardiers en piqué) et Kate (torpilleurs) font face aux Wildcat (chasseurs), Dauntless (bombardiers en piqué) et Devastator (torpilleurs), tous munis d'une crosse d'appontage, qui permet aux avions de s'accrocher à des câbles qui les ralentissent et les arrêtent quand ils se posent sur le pont du navire, bien plus court qu'une piste d'atterrissage classique.

identifie des navires américains sans plus de précision, et il faut attendre 8 h 20 pour que Nagumo soit averti qu'il s'agit de porte-avions. Vingt-cinq minutes plus tard, il est également averti que 150 appareils américains font route vers sa flotte. La nouvelle l'inquiète, mais il demeure confiant dans la présence d'escadrilles de chasseurs zéros qui assurent la protection de ses navires.

Les appareils japonais de la deuxième vague d'assaut sur Midway commencent à apponter vers 8 h 40, afin de se ravitailler et d'être équipés de bombes et de torpilles, qui sont encore stockées sur le pont.

Vers 9 heures, la vague d'attaque des Américains arrive au-dessus de la flotte. C'est un véritable carnage : tous les bombardiers torpilleurs du Hornet sont abattus, et 10 sur les 14 avions de l'Enterprise sont également abattus. Les avions d'escorte, qui n'avaient pas une autonomie suffisante, tombent en panne sur le chemin du retour. Les 12 avions torpilleurs américains qui décollent du Yorktown arrivent sur ces entrefaites. Sept d'entre eux sont abattus et aucun ne touche la moindre cible. Côté japonais, on exulte : deux assauts américains ont été repoussés, leur aviation est réduite à presque rien et leur flotte est localisée. Leur joie va être de courte durée.

## Les cinq minutes fatales

À 10 h 25 précises, le 4 juin 1942, l'escadrille de bombardiers en piqué de l'Enterprise, forte de 37 appareils, tombe presque par hasard sur la flotte japonaise qu'elle n'était pas parvenue à localiser, s'étant égarée en route. En cinq minutes, des bombes s'abattent sur les ponts de trois des porte-avions qui ne sont bientôt plus que des torches secouées par les explosions de l'essence et des bombes entreposées sur les ponts. Deux d'entre eux, l'Akagi et le Kaga, coulent, le Soryu est coulé quelques heures plus tard par un sous-marin américain et le Hiryu frappé à mort par une nouvelle vague de bombardiers américains. Il est sabordé le lendemain par son équipage.

Bataille de Midway. Le porte-avion Yorktown endommagé. Le 5 juin 1942.

## Bilan

En une journée, le cours de la guerre du Pacifique est changé. Les Japonais viennent de se voir privés de quatre précieux porte-avions qu'ils ne pourront remplacer. Midway est sauvée et la flotte d'invasion doit faire demi-tour. Surtout, les Américains ont prouvé qu'ils pouvaient reprendre l'ascendant moral sur les Japonais. À partir du mois de juin 1942, les Japonais sont contraints à la défensive. Ils ne feront plus que reculer face à la puissance américaine.

# Guadalcanal
## L'Amérique contre-attaque

Après l'attaque de Pearl Harbor, en décembre 1941, l'Empire japonais a poursuivi son avancée dans tout le Pacifique, de la Malaisie à l'Indonésie, de la Papouasie aux Philippines. Au bout de six mois de progrès sans entraves, la marine japonaise a cependant subi un revers grave, au mois de juin, à la bataille de Midway. Au mois d'août, pour la première fois, l'armée américaine va passer à l'action.

L'amiral Yamamoto l'avait promis au cabinet de l'Empereur : il garantissait six mois de succès ininterrompus face aux Américains, en espérant que ces victoires les contraindraient à négocier la paix. La défaite de Midway redonne espoir aux Américains, qui savent pourtant que la situation est des plus tendues. Les Japonais ont poursuivi leur avance dans le Pacifique sud, notamment en direction de l'Australie. Fin juillet 1942, un avion de reconnaissance fait une découverte particulièrement inquiétante dans l'archipel des Salomon, au nord-est de la Nouvelle Guinée : les Japonais sont en train de construire un aérodrome sur l'île de Guadalcanal. Cette perspective est particulièrement inquiétante, en effet, car des appareils basés sur un tel aérodrome pourraient aisément attaquer les convois et menacer les liaisons entre les États-Unis et l'Australie, qui risquerait l'asphyxie complète, la route vers l'ouest étant déjà sous le contrôle des Japonais.

le haut commandement américain décide d'agir avec rapidité. Les seules forces terrestres disponibles dans le secteur sont celles de la 1re division de marine, stationnée en Nouvelle-Zélande. Encore mal formée et incorrectement équipée, elle embarque immédiatement sur une flottille de navires de transport, escortée par de très nombreux navires de guerre américains et même australiens, la protection de l'ensemble étant assurée par des porte-avions.

### Les marines débarquent

Le débarquement se déroule presque sans encombre le 6 août sur l'île de Guadalcanal et sur celle, voisine, de Tulagi. La majorité des Japonais présents sont des ouvriers qui travaillent à la construction de l'aérodrome. Mais la réaction japonaise est brutale et impitoyable. Dans la nuit du 8 au 9 août 1942, une escadre de cinq croiseurs lourds, deux croiseurs légers et un destroyer, parvient à se rapprocher de

BATAILLE DE GUADALCANAL 1942-1943

Archipel Bismarck

Kavieng

Océan Pacifique

Nouvelle-Irlande

Rabaul

Nouvelle-Bretagne

Buka

Bougainville

NOUVELLE-GUINÉE

Gasmata

Kieta
Kahili
Kara
Faisi
Ballale

Lae
Salamaua

Mer des Salomon

ÎLES SALOMON

PAPOUASIE

Nouvelle-Géorgie

Ile Florida

Ile de Savo
Lungga

Guadalcanal

AUSTRALIE

200 km

Carte réalisée par Alexandre Nicolas

● Principales bases japonaises
★ Débarquement américain (7 août 1942)
★ Bataille de l'île de Savo (8 août 1942)

Guadalcanal sans être repérée. La bataille qui s'ensuit est si chaotique que le croiseur australien Canberra est coulé par les torpilles d'un destroyer américain. Au total, la bataille de l'île de Savo provoque la perte de quatre croiseurs lourds et de deux destroyers alliés. Les Japonais ne perdent qu'un seul navire, torpillé sur le chemin du retour à Rabaul par un

## Le Tokyo Express

Cette expression, popularisée par les Américains, désigne le va-et-vient permanent, organisé d'août 1942 à février 1943, entre Rabaul et Guadalcanal, qui voit les Japonais débarquer chaque nuit des troupes et du matériel, embarqués sur des navires de transports ou des destroyers dont une partie de l'équipage est restée à quai. Les Américains tenteront régulièrement d'interrompre le Tokyo Express, provoquant souvent des affrontements particulièrement chaotiques car livrés de nuit.

sous-marin. Le secteur situé entre l'île de Savo, celle de Guadalcanal et celle de Tulagi sera bientôt baptisé le « détroit au fond de fer » par les Américains, en raison du grand nombre d'épaves de navires qui s'y trouve.

Conséquence immédiate de cet échec, les responsables de la flotte américaine, qui couvrait jusqu'alors le débarquement des Marines, décident de se replier, alors que tout le matériel et les munitions ne sont pas encore débarqués. Le général Vandegrift, commandant les Marines, est indigné mais il n'a pas la mainmise sur cette décision. Il se retrouve donc seul, sans la protection de l'aviation embarquée, l'aérodrome de Guadalcanal n'étant pas encore opérationnel.

## Les suites du désastre de Savo

Sur le terrain, les Japonais font parvenir, nuitamment, des renforts aux défenseurs de Guadalcanal et les combats sont acharnés, dans la moiteur de la jungle. De part et d'autre, souvent par incompréhension mais aussi par suite de préjugés raciaux, on ne se fait guère de quartier.

Le 24 août, un second engagement naval a lieu, qui se solde cette fois par une victoire américaine, avec la perte d'un porte-avions japonais, le Ryujo, mais le porte-avions américain Enterprise est gravement endommagé. Cette victoire empêche cependant les Japonais de reprendre massivement pied sur

### Les îles Salomon

Archipel volcanique, situé au sud-est de la Nouvelle-Bretagne, les îles Salomon s'étendent en deux lignes presque parallèles, au relief particulièrement tourmenté. À part les îles de Guadalcanal et de Bougainville, il est difficile de trouver des terres suffisamment plates pour y installer une base aérienne. L'intervalle entre les îles va permettre, pour la seule fois dans l'histoire de la guerre du Pacifique, aux Japonais et aux Américains de s'affronter dans des batailles de surface et non aéronavales.

Guadalcanal, la flotte transportant les troupes devant battre en retraite. Les Japonais perdent également une centaine de pilotes, pour la plupart très expérimentés. Un bilan qui pèsera lourd dans la balance et va contribuer à asseoir la supériorité aérienne des Américains. Sur le terrain, l'aérodrome de Guadalcanal est d'ores et déjà opérationnel et permet enfin aux Marines de disposer d'un appui aérien rapproché. Les combats se poursuivent avec acharnement, tout comme les affrontements navals. Dans la nuit du 11 au 12 octobre 1942, lors de la bataille dite

du cap Espérance, les Américains tentent d'intercepter le « Tokyo Express ». Les Japonais perdent un croiseur, le Fubuki, et trois destroyers, contre un croiseur et un destroyer côté américain. Mais le 26 octobre, lors d'une nouvelle action navale, diurne, celle-là, les Japonais prennent leur revanche en endommageant fortement le porte-avions américain Enterprise et en coulant le porte-avions le Hornet. Les Américains sont alors en fâcheuse posture, ne disposant plus que d'un seul porte-avions opérationnel dans le secteur.

## La victoire se dessine enfin

Le 12 novembre, la fortune se remet à sourire aux Américains. Deux cuirassés japonais, le Hiei et le Kirishima, sont envoyés par le fond dans une bataille nocturne qui voit, pour la première fois depuis la Première Guerre mondiale, deux escadres de cuirassés s'affronter. Côté japonais, les pertes s'accumulent, tant en navires qu'en troupes et en pilotes, et la résistance commence à faiblir sur l'île. Début janvier 1943, l'état-major des troupes japonaises dans les Salomon quitte Guadalcanal pour rejoindre l'île de Bougainville, plus au nord-ouest. C'est le signe de la défaite. À partir de la fin du mois de janvier, le Tokyo Express poursuit ses rondes, mais pour évacuer les troupes. Le 7 février, les seuls Japonais encore présents sur Guadalcanal sont des prisonniers.

Bataille de Guadalcanal. Soldats américains comptant les cadavres de soldats japonais. Août 1942.

## Bilan

La bataille pour Guadalcanal a duré près de six mois. Six mois de lutte acharnée dans les airs, sur terre et sur mer. Sur la terre ferme, les Japonais ont perdu 22 000 hommes, tués ou disparus. Les Marines en ont perdu dix fois moins. Cette victoire, peu chèrement acquise au regard de l'écart entre les parties, va s'avérer décisive à plus d'un titre. Elle marque le retour offensif des Américains, le début du déclin de la puissance aérienne et navale japonaise. La reconquête ultérieure de l'archipel va inaugurer une nouvelle méthode pour les Américains, qui, au lieu d'attaquer toutes les positions japonaises, vont souvent se contenter de laisser pourrir celles qui ne présentent pas de menace.

octobre
**1942**

# El Alamein
## La fin du début

À l'été 1942, la situation s'est considérablement aggravée pour les Alliés en Afrique du Nord. Si Auchinleck a pu lever le siège de Tobrouk en novembre 1941 grâce à l'opération « Crusader » qui a repoussé les Italo-Allemands jusqu'au golfe de Syrte et libéré toute la Cyrénaïque, en janvier 1942, Rommel a repris l'initiative, s'est emparé de Benghazi fin janvier, de Gazala en juin et a même pu prendre Tobrouk aux Néo-Zélandais.

La frontière égyptienne est, dès lors, totalement ouverte. Tobrouk tombe le 21 juin. Neuf jours plus tard, Rommel est à El Alamein. Pour les Britanniques, la perte de Tobrouk, dont la résistance avait été un véritable symbole et une lueur d'espoir en 1941, est un coup très rude. Mais cette nouvelle a l'heur de tomber au moment où Churchill et Roosevelt sont en conférence, à Washington. Immédiatement, le président américain propose à Churchill de lui allouer du matériel dernier cri, dont 300 modèles du nouveau char Sherman, qui est alors très supérieur aux modèles de blindés dont disposaient les Britanniques, ainsi que de très nombreux canon de 105 mm automoteurs.

Début août, Churchill se rend au Caire afin de s'entretenir avec le général Auchinleck et ses principaux adjoints sur la situation. Churchill considère alors qu'il est de son devoir de faire tomber des têtes. À très grand regret, car il tient l'homme en haute estime, il relève Auchinleck de son commandement et nomme le général Alexander au poste de commandant en chef du théâtre d'opération du Proche-Orient. Le général Montgomery est nommé à la tête de la VIII<sup>e</sup> armée britannique.

### Un nouveau général

Le général Montgomery est alors un général inconnu du grand public, mais il a déjà, au sein des cercles militaires, la réputation d'être un homme particulièrement entêté, un combattant hargneux et méthodique. C'est précisément ce dont Churchill a besoin face à Rommel.

Ce dernier ne tarde d'ailleurs pas à lancer un assaut sur les lignes défensives déployées par les Britanniques à El Alamein. Le 31 août, Rommel attaque la position d'Alam Halfa. Rommel tente, comme à son habitude, d'utiliser sa tactique d'infiltration, en contournant les points de résistance. Mais il se

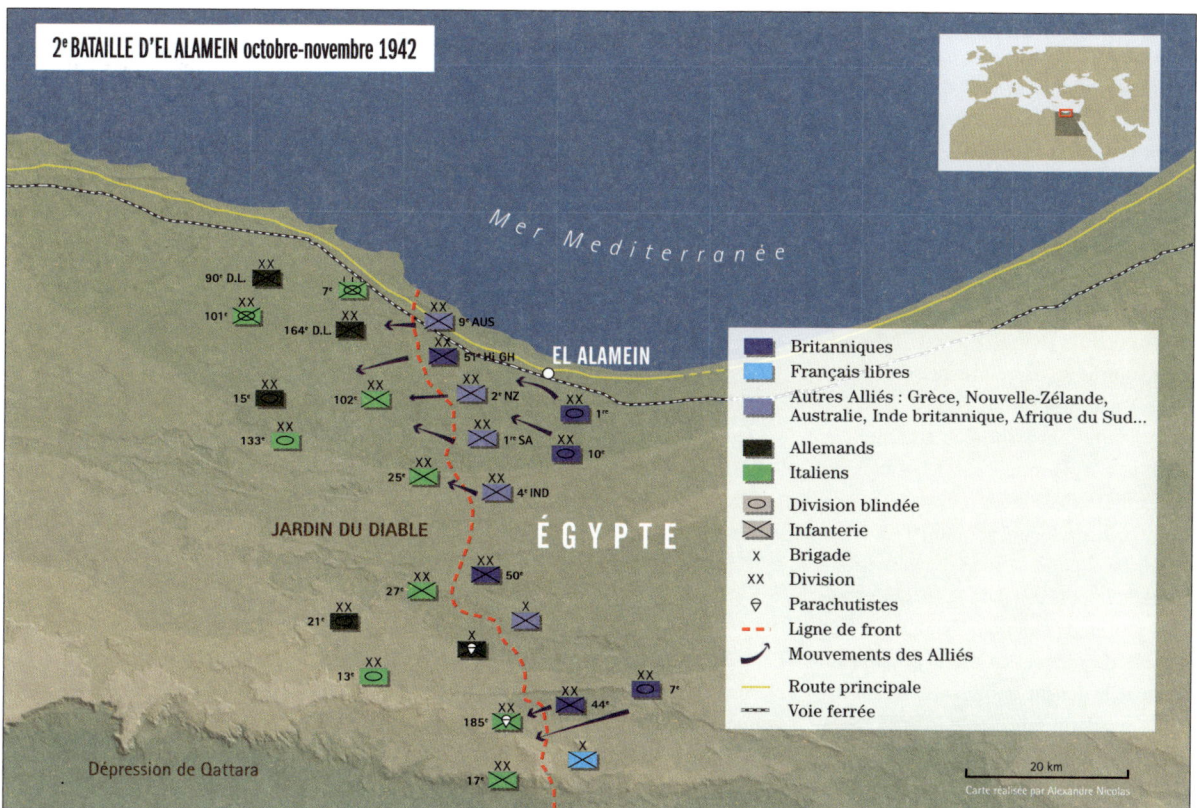

**2ᵉ BATAILLE D'EL ALAMEIN octobre-novembre 1942**

Mer Méditerranée

EL ALAMEIN

ÉGYPTE

JARDIN DU DIABLE

Dépression de Qattara

90ᵉ D.L. · 7ᵉ · 9ᵉ AUS · 51ᵉ HI GH · 101ᵉ · 164ᵉ D.L. · 2ᵉ NZ · 1ʳᵉ · 15ᵉ · 102ᵉ · 133ᵉ · 1ʳᵉ SA · 10ᵉ · 25ᵉ · 4ᵉ IND · 50ᵉ · 27ᵉ · 21ᵉ · 13ᵉ · 185ᵉ · 44ᵉ · 7ᵉ · 17ᵉ

| | Britanniques |
| | Français libres |
| | Autres Alliés : Grèce, Nouvelle-Zélande, Australie, Inde britannique, Afrique du Sud... |
| | Allemands |
| | Italiens |
| | Division blindée |
| | Infanterie |
| X | Brigade |
| XX | Division |
| ⊕ | Parachutistes |
| --- | Ligne de front |
| | Mouvements des Alliés |
| | Route principale |
| | Voie ferrée |

20 km

Carte réalisée par Alexandre Nicolas

heurte à un mur. Montgomery a interdit le moindre recul et veille personnellement à l'application de ses instructions. Le 2 septembre, Rommel doit se replier. Il n'a pas gagné un pouce de terrain et perdu près de 50 véhicules blindés, qui vont lui faire cruellement défaut.

En effet, si la situation des Alliés peut paraître peu reluisante, avec une armée allemande à moins d'une journée de

## Le renard du désert

Erwin Rommel (1891-1944) est un jeune officier lorsque la Première Guerre mondiale débute et, entre les deux guerres, rédige un ouvrage sur les tactiques de l'infanterie. Il joue une part active dans la défaite de la France en 1940. Général brillant et énergique, toujours en première ligne, il est placé à la tête de l'armée allemande d'Afrique. Rentré en Europe après la reddition des forces de l'Axe en Tunisie en 1943, il est placé à la tête des défenses du mur de l'Atlantique en France. Compromis dans le complot contre Hitler de juillet 1944, il est contraint au suicide.

marche du Caire, celle de Rommel n'est pas plus brillante. Il se trouve alors très loin de ses bases de départ. La logistique est un véritable problème dans le désert, car les seules voies praticables sont celles qui longent la côte et sont soumises à des attaques aériennes régulières. Les convois italiens peinent à traverser la Méditerranée vers Tripoli, et les ports de Benghazi ou de Tobrouk sont soumis au harcèlement de la flotte et de l'aviation britanniques. Surtout, les renforts sont arrivés en nombre à la VIII<sup>e</sup> armée. Rommel est désormais en infériorité numérique.

Montgomery bénéficie quant à lui de sa proximité avec ses sources d'approvisionnement, dont le canal de Suez, mais également d'une position défendue par des champs de mines et un réseau de barbelés d'une telle densité qu'ils ont été surnommés « les jardins du diable ». En octobre 1942, Montgomery dispose d'un millier de chars, répartis en 4 divisions blindées soutenues par sept divisions d'infanterie d'excellente qualité. En face, Rommel dispose de quatre fois moins de blindés et, surtout, de quatre divisions allemandes seulement, le reste de son armée étant composé de troupes italiennes d'une qualité douteuse et fort mal équipées.

## Une offensive méticuleuse

À ces problèmes d'organisation et de logistique viennent se greffer des problèmes plus personnels. La santé de

### La légende « Monty »

Cassant, imbu de lui-même, implacable et méticuleux, sachant se montrer affable avec sa troupe, le général Bernard Montgomery (1887-1976) n'a jamais laissé personne indifférent. S'étant déjà distingué durant la Première Guerre mondiale, il prend une véritable stature en Afrique du Nord. La presse britannique forge la légende de « Monty », censée contrer celle du renard du désert. Il sera ensuite en charge des opérations terrestres lors de l'invasion de la France en 1944.

Rommel se dégrade assez considérablement. Fin septembre 1942, il a dû rentrer en Allemagne et se rendre à l'hôpital pour être examiné. Le général Stumme est envoyé en Afrique pour le remplacer le temps qu'il se rétablisse. Comme le jour du débarquement, en 1944, Rommel n'est pas présent le jour de l'offensive des Alliés.

Montgomery lance son attaque le 23 octobre. Contrairement à ses prédécesseurs, qui ont voulu, comme Rommel, tirer partie de la surprise et des pénétrations profondes des blindés, Montgomery a décidé d'en revenir à des méthodes dignes de la Première Guerre mondiale : bombardements préliminaires intenses, suivis d'un assaut de l'infanterie puis d'une exploitation des blindés. Dans le sud, des troupes effectuent une manœuvre de diversion, afin d'attirer l'ennemi et lui laisser croire qu'une nouvelle bataille de débordement va avoir lieu. Il n'en est rien : Montgomery a opté pour l'attaque frontale.

## Course-poursuite

Malgré l'échec de la manœuvre de diversion, Montgomery parvient à ébranler le front de l'armée italo-allemande en moins d'une semaine. Rommel est entretemps revenu sur le front et ne peut que constater l'ampleur des dégâts : il lui reste moins de quarante chars et son front est percé en deux endroits, sans espoir de combler les brèches, dans lesquelles l'ennemi va pouvoir s'engouffrer. Il demande alors à Hitler la permission de se replier. La réponse d'Hitler est univoque et habituelle : un refus catégorique ; les troupes doivent rester où elles se trouvent. Nous sommes le 2 novembre. Deux jours plus tard, les divisions blindées britanniques passent à l'attaque et écrasent les troupes qui leur font face. Rommel décide de se replier sans en référer à ses supérieurs. On assiste alors à un véritable steeple-chase en plein désert, l'armée de Rommel s'enfuyant à toutes jambes le long de la côte, poursuivie par une armée britannique qui cherche régulièrement à l'encercler, sans y parvenir.

Général Bernard L. Montgomery observant le mouvement de ses blindés. Afrique du Nord, novembre 1942.

## Bilan

Le 20 novembre, Rommel est à Benghazi et arrive finalement à Tripoli avec ce qui reste de ses troupes le 23 janvier, presque deux ans jour pour jour après son arrivée. Entre-temps, la situation s'est encore dégradée.

Les Alliés ont débarqué en Afrique du Nord le 8 novembre 1942 et menacent donc les troupes de Rommel d'anéantissement. Ce dernier doit gagner rapidement la Tunisie où ses troupes livreront leur dernier combat. El Alamein a entraîné la destruction de l'Afrika Korps. Comme le résumera Churchill : *« Ce n'est pas la fin, ni même le début de la fin, mais c'est assurément la fin du début. »*

# Stalingrad
## L'agonie de la 6ᵉ armée allemande

Le 22 juin 1941, les Allemands et leurs alliés ont envahi l'Union soviétique. Après des débuts prometteurs, l'offensive s'est enlisée et a échoué devant Leningrad et Moscou à la fin de l'année 1941. L'hiver a ensuite paralysé les opérations jusqu'au mois de mars. Durant cette période de répit, l'état-major allemand a travaillé à de nouveaux plans offensifs pour l'année 1942. Hitler attend beaucoup plus des opérations planifiées pour le front Sud, en direction du Caucase et de ses champs pétrolifères, mais aussi sur la Volga et ses centres industriels et d'armement, dont un des principaux se trouve à Stalingrad.

Le nom de la ville fut-il considéré comme suffisamment symbolique pour mériter une attaque ? Hitler affirma à plusieurs reprises que tel n'était pas le cas. Mais pour les Soviétiques, Staline en tête, la chute d'une ville portant le nom du chef d'État ne serait pas sans retentissement. En juillet 1942, l'opération menée depuis le printemps par les Allemands dans le sud progresse avec lenteur. Au fur et à mesure que les troupes allemandes s'avancent vers le sud-est, il devient de plus en plus urgent de couvrir leur flanc nord. La ville de Stalingrad semble alors comme un excellent verrou pour assurer cette tâche et Hitler décide donc de s'en emparer. C'est vers la mi-août que le groupe d'armées B, composé de la 6ᵉ armée allemande (Paulus), de la 2ᵉ armée hongroise, de la 3ᵉ armée roumaine et de la 4ᵉ armée blindée (Hoth), débute son attaque. Il a pour mission de s'emparer de la ville afin d'empêcher toute contre-attaque soviétique. Le 23 août, la Luftwaffe débute son attaque sur la ville, qui est pilonnée sans relâche. Environ 40 000 des 600 000 habitants de la ville sont ainsi tués en une semaine. Les bâtiments et les usines sont en ruines. Pour les défenseurs, ces destructions sont une aubaine, car des ruines sont bien plus faciles à défendre que des bâtiments debout.

### L'assaut commence

Le jour même du début du bombardement, les premiers éléments de la 6ᵉ armée allemande atteignent les faubourgs de la ville et certains atteignent même la Volga, au nord de la ville. Les défenseurs soviétiques sont en nette infériorité numérique et doivent naturellement faire face à la difficulté d'approvisionner la ville, dont l'essentiel est situé sur la rive ouest de la Volga. Débute alors une bataille sans merci ni pitié, une forme de combat que les soldats allemands vont bientôt appeler la Rattenkrieg, la guerre des rats. On se bat d'un pâté de maison à un autre, d'une rue à une autre, d'une maison à une autre, d'un étage à un autre. Certaines maisons totalement anéanties, amas de gravats recouvrant parfois des dizaines de cadavres, changent dix fois de mains. *« La cuisine est prise, mais on se bat encore pour la salle à manger »*, disent les soldats allemands, contraints à l'humour noir.

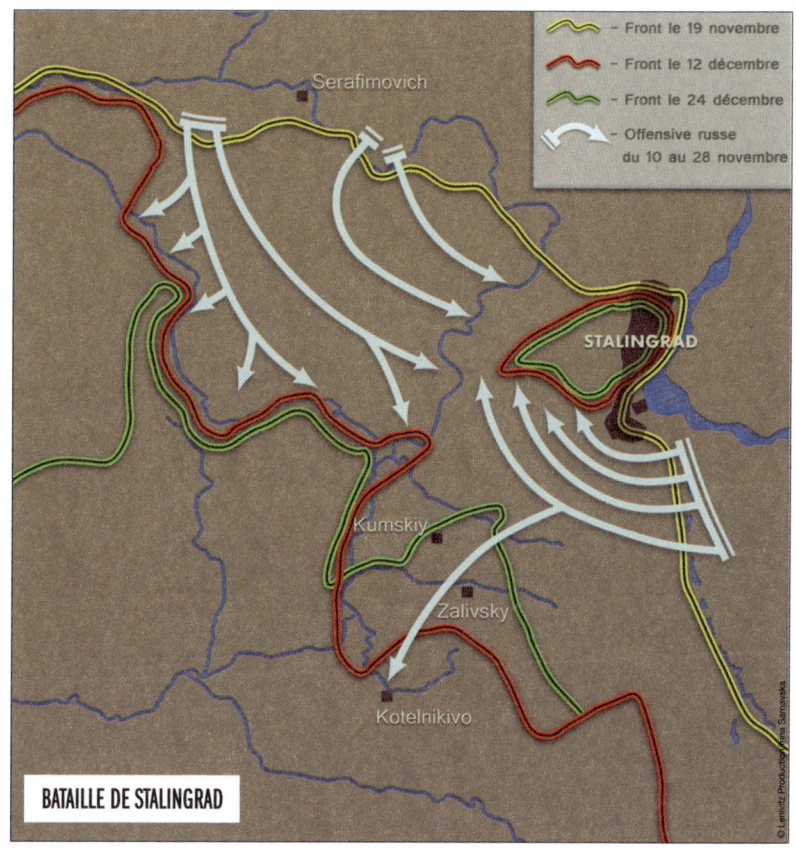

BATAILLE DE STALINGRAD

— Front le 19 novembre
— Front le 12 décembre
— Front le 24 décembre
— Offensive russe du 10 au 28 novembre

Serafimovich
STALINGRAD
Kumskiy
Zalivsky
Kotelnikivo

© Lemnitz Productions/Ilona Samoëska

## Le général Paulus

Le général Freidrich Paulus (et non von Paulus comme on l'appelle bien souvent), né en 1890, combat à Verdun en 1916 et fait partie des hommes qui, depuis le fort de Souville, pointe extrême de l'avancée allemande, ont aperçu les toits de la ville de Verdun. 26 ans plus tard, il échoue plus près du but encore, à Stalingrad. Hitler nomme Paulus feld-maréchal la veille de sa reddition, espérant le contraindre au suicide – aucun feld-maréchal allemand ne s'était jamais rendu. Il refusa ce chantage et part en captivité. Il meurt en 1957.

## Un combat colossal

Les combattants sont, dans un environnement de flammes, de fumées, d'explosions, souvent livrés à eux-mêmes. Les soldats allemands poursuivent leur avancée. Les forces russes sont coupées en trois tronçons. Les Allemands, en certains endroits, sont à moins de 250 mètres de la Volga. Certains tentent parfois d'aller s'y abreuver. Les tireurs d'élite russes veillent et les abattent. Les Allemands demandent alors à de jeunes enfants, encore présents (car la population n'a pas été évacuée, par ordre de Staline) d'aller remplir leurs gourdes. Signe de la violence implacable des combats, ce manège une fois compris, les tireurs russes abattent également les enfants. Tous les moyens sont bons : combats au corps à corps, offensives à travers le réseau des égouts ; les Allemands attaquent les réservoirs d'essence qui bordent la Volga : des jours durant, le fleuve est en feu et les liaisons entre les deux rives interdites. Mais alors que les pertes s'accumulent côté allemand et que la ville n'en finit plus de tomber, les Russes préparent leur contre-offensive.

Elle débute le 1er octobre 1942. Une attaque, en provenance du sud de la Volga, en direction de Kalach. Le 19 novembre, c'est le début de l'opération Uranus. Une imposante

### Les tireurs d'élite russes

Durant la bataille de Stalingrad, les tireurs d'élite sont utilisés par les deux camps pour semer la mort chez l'adversaire. Côté russe, le dénommé Zikan tue 224 Allemands durant le siège et Vasili Zaïtzev, 225. Les effets psychologiques de ces tueurs embusqués dépassent de loin le nombre des morts produits, car en tuant des hommes à plusieurs centaines de mètres, ils créent un climat de terreur permanent, totalement usant pour les nerfs des combattants.

masse de troupes soviétiques attaque, au nord de la ville, le front de l'armée roumaine, entre Serafimovitch et Klestkaya. Les Russes provoquent une panique, que ne peuvent endiguer les forces qui tentent de colmater la brèche. En une semaine, les troupes russes du sud et du nord font leur jonction dans le dos de l'armée allemande. Paulus et son armée sont à présent encerclés dans Stalingrad.

## L'encerclement

Les responsables du front réclament à Hitler le droit de se replier tant que cela est encore possible. Göring, chef de la Luftwaffe, se targue de pouvoir soutenir la 6e armée encerclée par un pont aérien, une tâche que ses subordonnés jugent totalement irréaliste. Les Allemands ont besoin de 750 tonnes de matériel par jour. Göring promet de leur en faire parvenir 500. Mais le pont aérien ne parviendra, sur l'intégralité du siège, qu'à fournir un peu moins de 100 tonnes par jour.

Paulus ne peut plus désormais espérer qu'une percée. Manstein tente, le 12 décembre, d'effectuer une attaque pour dégager Stalingrad. Malgré des conditions climatiques détestables, il parvient à se rapprocher de 45 km de la ville. Les défenseurs peuvent apercevoir, dans la nuit, les lueurs des combats qui bientôt faiblissent, signant leur perte.

Les Allemands entrent à présent en agonie. Un à un, les quartiers de la ville sont repris par les Russes. Le 2 janvier, l'aéroport de Gumrak, dernier lien avec l'extérieur, est aux mains des Soviétiques. Le centre de la poche capitule le 31 janvier. Paulus tombe quant à lui aux mains des Russes le même jour, mais refuse de donner à ses hommes l'ordre de se rendre, à la grande fureur des Russes. Le 2 février, les derniers défenseurs allemands capitulent.

Soldat allemand devant Stalingrad (Russie, URSS), hiver 1942.

© Bildarwelt / Roger-Viollet

## Bilan

Le bilan de la bataille de Stalingrad est désastreux pour l'armée allemande. Près de 300 000 soldats sont morts ou blessés. Les prisonniers sont au nombre de 90 000. Les Russes ont sans doute perdu près du double d'hommes dans cette bataille. Pour les Allemands, cette défaite est un traumatisme. Mais le sacrifice de la 6$^e$ armée n'a pas été totalement vain. Il a permis aux troupes déployées dans le Caucase de se replier avant d'être encerclées. Moins de la moitié des prisonniers allemands survivront aux rudes conditions des camps russes. De ces pertes terribles, l'armée allemande ne se remettra jamais.

# Koursk
## Opération Zitadelle

Le 2 février 1943, l'Union soviétique a infligé un revers magistral à l'Allemagne nazie en obtenant la reddition des troupes encerclées à Stalingrad. En 1942, les Allemands ont tardé à reprendre l'initiative et, pour 1943, l'état-major de la Wehrmacht est décidé à agir rapidement. Mais, comme bien souvent, une tension apparaît entre Hitler et ses principaux subordonnés sur la marche à suivre. C'est finalement bien tard, au mois de juillet, qu'a lieu la principale bataille de 1943 sur le front de l'Est. Objectif : le saillant de Koursk, dont la chute ouvrirait aux Allemands la route de Moscou.

Il faut, pour comprendre la genèse de ce plan, partir du mois de mars 1943. Le général von Manstein a débuté, ce mois-là, une brillante offensive et a repris l'importante ville de Kharkov aux Russes. Il souhaite alors poursuivre sur sa lancée, certain de frapper dans un secteur où la résistance est moindre et plus inattendue. Mais Hitler ordonne l'arrêt de l'offensive. Car l'attaque sur Kharkov a permis la création d'un saillant à Koursk, que le Führer compte exploiter. Manstein travaille alors à un plan d'attaque. Il s'agira d'une attaque en tenailles. Au nord, depuis Orel, la 9ᵉ armée de Model s'enfoncera dans les défenses russes en direction du sud-est. Au sud, depuis Bielgorod, Manstein frappera avec la 4ᵉ armée Panzer, en direction du nord-est. Les deux armées se rejoindront derrière la ville de Koursk et pourront ensuite foncer sur Moscou. Manstein insiste auprès d'Hitler pour que l'attaque ait lieu le plus rapidement possible, afin de ne pas permettre aux Russes de renforcer le secteur.

### Des effectifs titanesques

Mais Hitler veut, quant à lui, attendre de disposer de nouvelles armes qui viennent d'entrer en production : les chars lourds Panther et Tigre et le canon d'assaut Ferdinand. Hitler emporte la décision, et l'attaque, initialement prévue pour le mois de mai, est déclenchée début juillet. Les Allemands disposent alors de près d'un million d'hommes et de 2 700 chars dont de nombreux nouveaux modèles, qui vont s'avérer décevants, car sujets aux pannes.

Face à eux, les Russes disposent de près de deux millions d'hommes et du double de blindés. C'est que les Russes n'ignorent rien des préparatifs

ennemis : ils ont été en effet prévenus par leurs Alliés occidentaux, qui
ont depuis longtemps cassé le code
des armées allemandes. En plus de
ces effectifs considérables, les Russes
établissent des positions défensives
de premier ordre, mobilisant plus de
300 000 civils pour creuser des fossés
antichars et des retranchements. Sur
le front du saillant, ils ont également
déployé près de 450 000 mines.

## Une attaque attendue

L'attaque allemande débute l'après-
midi du dimanche 4 juillet 1943 par

### Le Il-2 Sturmovik

L'aviation joue un rôle
déterminant dans la bataille
de Koursk, et notamment
l'aviation d'appui tactique,
dont le plus célèbre appareil
est l'Iliouchine Il-2 Sturmovik.
Surnommé « la mort noire »
par ses adversaires allemands,
le Sturmovik est un avion
d'attaque au sol monomoteur
et biplace, pourvu de
deux canons antichars
extrêmement performants et
qui provoquent des ravages.
Il est construit à plus de
36 000 exemplaires.

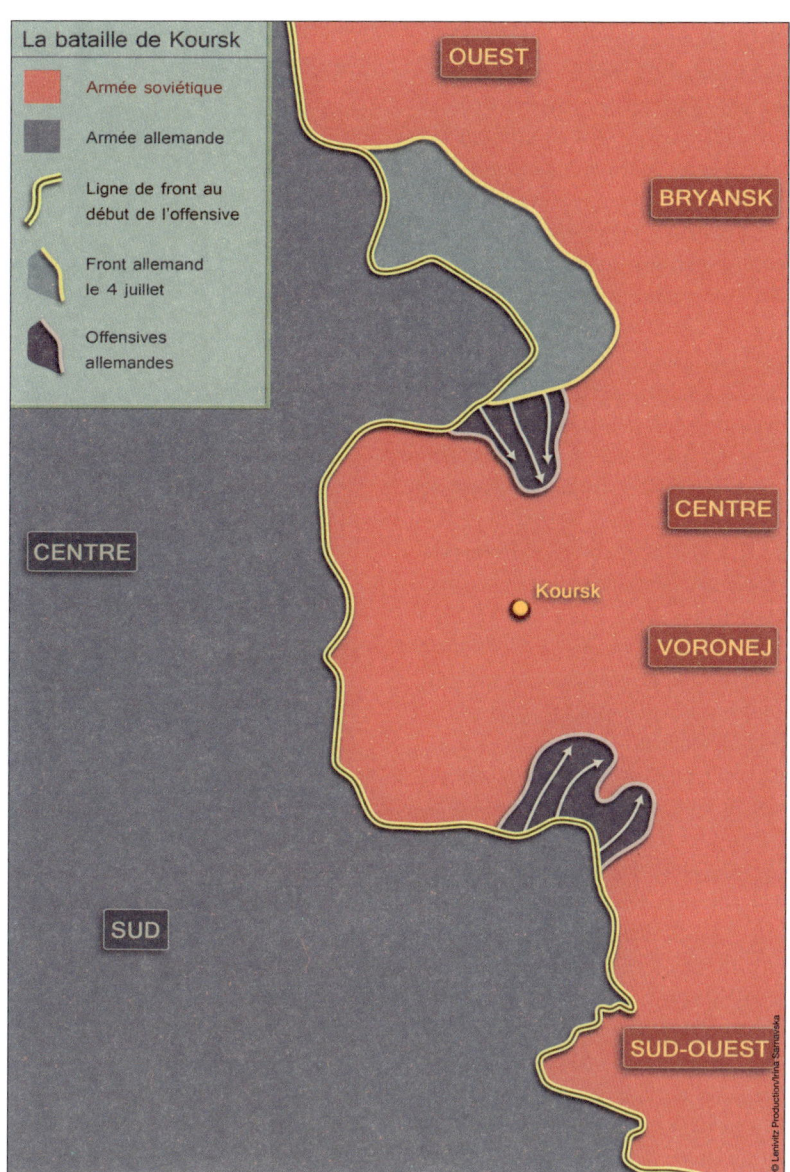

La bataille de Koursk

Armée soviétique

Armée allemande

Ligne de front au
début de l'offensive

Front allemand
le 4 juillet

Offensives
allemandes

OUEST

BRYANSK

CENTRE

Koursk

VORONEJ

CENTRE

SUD

SUD-OUEST

un intense bombardement d'artillerie mais également aérien. Un déluge de fer s'abat sur les positions soviétiques. L'attaque des troupes au sol doit débuter le lendemain matin. Les Russes sont si bien renseignés qu'ils connaissent l'heure exacte de l'assaut. Aussi, une heure avant l'heure dite, ils prennent les Allemands de vitesse en débutant un bombardement qui pilonne les lignes de départ des Allemands, gênant considérablement la préparation. Malgré cela, les Allemands s'élancent, à nouveau précédés par un intense bombardement de leur artillerie.

Au sud, la 4e armée blindée (Hoth) progresse, avec ses chars lourds en pointe. Mais elle se heurte très vite aux marais de mines et aux positions soviétiques, hérissées de pièces antichars lourdes, qui provoquent d'énormes pertes chez les Allemands.

Au nord, la 9e armée de Model débute son attaque dans des conditions similaires. Dès les premières heures de la bataille, il devient évident aux yeux des Allemands, pourtant gonflés à bloc, que la bataille sera sanglante et difficile. Rapidement, les Russes sont capables de monter des contre-attaques. Le 10 juillet, ils portent un coup d'arrêt quasi définitif à la progression de la 9e armée, qui n'a pu avancer que sur une douzaine de kilomètres dans le front soviétique.

## Le général Vatoutine

Nikolaï Vatoutine naît en 1901 dans une modeste famille de paysans. Élève brillant, il poursuit des études d'économie qu'il doit interrompre faute de moyens. En 1920, il s'engage dans l'Armée rouge. Protégé de Staline, il est général en 1939 et échappe aux purges. Brillant officier d'état-major, il dirige les combats devant Moscou puis à Stalingrad avant de se voir confier la défense du sud du saillant de Koursk. Il tombe dans une embuscade tendue par des partisans ukrainiens nationalistes en 1944 et meurt de ses blessures le 15 avril.

Au sud, malgré les pertes, la progression de la 4e armée blindée est plus impressionnante. Le 10 juillet, les Allemands ont avancé de 30 km et menacent à présent la ville de Prokhorovka. Si les Allemands subissent des pertes énormes, les pertes soviétiques, malgré l'excellence du réseau défensif, sont pires encore et Vatoutine, qui commande sur le sud du saillant et fait face à Manstein, doit engager toutes ses réserves afin d'enrayer la progression des Allemands, car derrière Prokhorovka, la route de Koursk est ouverte. Le 12 juillet, se produit la plus importante bataille de chars de l'histoire : 1 200 véhicules au total, soutenus par une nombreuse infanterie.

## Bataille à Prokhorovka

Signe du caractère débridé des combats, les chars se tirent bien souvent dessus à moins de 100 m, une distance excessivement courte pour des véhicules pouvant tirer à plusieurs kilomètres. La puissance des obus perforants diminuant avec la distance, ce sont les chars lourds qui en pâtissent car ils peuvent être détruits par des armes d'un calibre qui ne perforerait pas leur blindage à 1 km. Au soir du 12 juillet, les carcasses de 700 chars allemands et russes jonchent le champ de bataille. L'attaque de Manstein est un échec et les Russes contre-attaquent immédiatement, contraignant les Allemands à se replier. Tout le mois de juillet, les Allemands perdent le terrain qu'ils ont péniblement gagné. Pire : les contre-attaques soviétiques repoussent les Allemands au-delà de leurs positions de départ. Orel et Belgorod tombent le 5 août. Le 23 août, c'est la ville de Kharkov qui retombe définitivement aux mains des Russes. Les Allemands sont contraints de se replier derrière le Dniepr. La bataille de Koursk est terminée.

Colonne de chars soviétiques T34 pendant la bataille de Koursk. Russie, 9 juillet 1943.

## Bilan

La bataille de Koursk est un événement sanglant de part et d'autre. Les Allemands perdent près de 200 000 hommes, tués et blessés, et 1 200 chars. 30 de leurs divisions sur les 70 engagées ont cessé d'exister. Côté soviétique, le bilan est encore plus effrayant : 850 000 tués et blessés et 6 000 chars détruits. Mais si les Russes peuvent se permettre de telles pertes, les Allemands ne peuvent les supporter. À Koursk, l'armée allemande a perdu des troupes d'élite et un nombre important de véhicules. Le rouleau compresseur soviétique va se mettre en marche et les Allemands se trouver privés de moyens pour tenter de l'arrêter. La bataille de Koursk sonne le glas véritable de l'armée allemande de l'Est.

# Sicile
## Le débarquement surprise

En mai 1943, les dernières forces de l'Axe ont capitulé en Tunisie, à l'issue d'une campagne de plusieurs mois. Il n'y a plus, en Afrique, que des troupes alliées et, pour Churchill, grand fanatique de l'approche oblique, la suite de la campagne est évidente : une invasion de l'Italie, le « ventre mou » de l'Axe. Mais avant de s'attaquer à l'Italie proprement dite, il faut que les Alliés s'emparent de la Sicile.

Pour cela, les Alliés disposent de troupes expérimentées : les soldats britanniques de la VIIIe armée de Montgomery, et les troupes américaines débarquées en novembre 1942 en Afrique du Nord et qui ont eu, en quelques mois, l'occasion de s'aguerrir dans une campagne de Tunisie qui s'est avérée un véritable test pour elles. Le plan d'invasion, mis au point par l'état-major combiné anglo-américain prévoit un débarquement double, au sud-est et au sud de l'île. La VIIIe armée britannique, toujours sous les ordres de Montgomery, forme, avec la 1re division canadienne,

la Task Force 545, qui doit débarquer entre le cap Passero et Syracuse, tandis que la VIIe armée américaine, la Task Force 343, doit débarquer de part et d'autre de Gela, dans le golfe du même nom. Montgomery et Patton sont choisis pour diriger les opérations de débarquement et l'exploitation, les opérations de débarquement étant par ailleurs précédées par des largages de parachutistes, une première pour les Alliés.

Encore faut-il mettre toutes les chances de son côté, ce que les Alliés font par une habile manœuvre d'intoxication, qui contribue à brouiller les cartes et à

faire croire que les Alliés vont débarquer en Grèce ou en Corse, mais pas en Sicile. Il faut dire que l'état-major allemand a, de toutes les façons, les yeux tournés vers le front de l'est et l'opération Zitadelle, qui doit débuter le 4 juillet, à Koursk.

### Les Alliés débarquent

Le débarquement de Sicile, qui débute dans la matinée du 9 juillet 1943, est donc une totale surprise. Huit divisions débarquent, presque sans opposition, sur les rives siciliennes. Les troupes aéroportées, par contre, subissent des pertes sévères. Les parachutistes

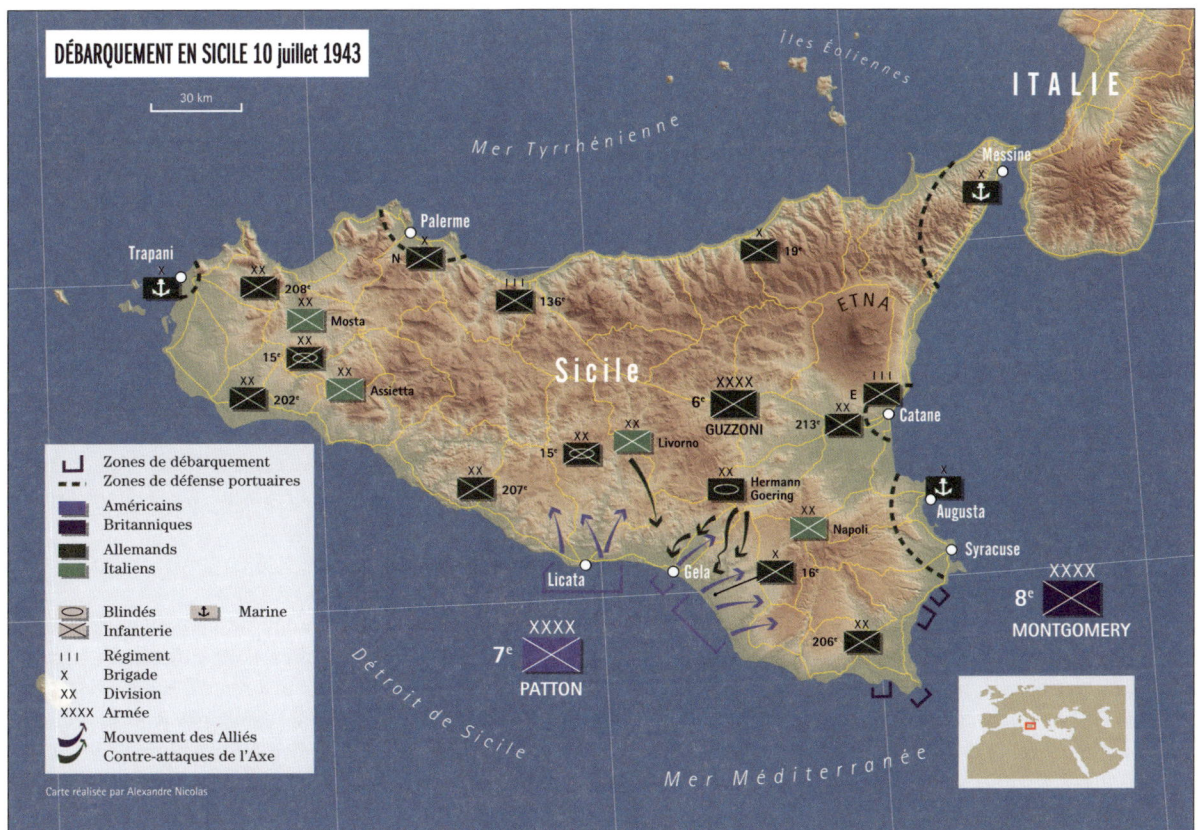

**DÉBARQUEMENT EN SICILE 10 juillet 1943**

30 km

ITALIE

Mer Tyrrhénienne

Îles Éoliennes

Messine

Palerme

Trapani

208ᵉ

Mosta

15ᵉ

202ᵉ

Assietta

136ᵉ

19ᵉ

ETNA

Sicile

6ᵉ
XXXX
GUZZONI

213ᵉ

Catane

15ᵉ

Livorno

Hermann
Goering

Napoli

Augusta

Syracuse

207ᵉ

Licata

Gela

16ᵉ

206ᵉ

8ᵉ
XXXX
MONTGOMERY

7ᵉ
XXXX
PATTON

Détroit de Sicile

Mer Méditerranée

**Légende :**
- Zones de débarquement
- Zones de défense portuaires
- Américains
- Britanniques
- Allemands
- Italiens
- Blindés — Marine
- Infanterie
- ||| Régiment
- X Brigade
- XX Division
- XXXX Armée
- Mouvement des Alliés
- Contre-attaques de l'Axe

Carte réalisée par Alexandre Nicolas

américains sont largués de manière si dispersée et chaotique que certains finissent dans la mer et se noient. Les parachutistes britanniques de la 1ʳᵉ division aéroportée, chargés de s'emparer du pont de Primasole, ne parviennent à remplir leur mission qu'en subissant de très lourdes pertes. Sur les 147 planeurs employés par les

## La division Hermann Göring

Issue d'une unité de police rattachée à la Luftwaffe, l'armée aérienne allemande, la division Hermann Göring, est une sorte d'anomalie dans l'histoire. Rattachée à l'armée aérienne, elle est officiellement désignée comme la division blindée parachutiste Hermann Göring. Retirée de Sicile, elle combat ensuite en Italie avant de rejoindre le front de l'Est. La division fut, comme de nombreuses autres divisions allemandes, accusée d'avoir commis des massacres de civils, en Italie notamment, et participa à la répression contre l'insurrection du ghetto de Varsovie.

Britanniques pour une mission secondaire, 69 s'écrasent en mer.

Les effectifs de l'Axe sont très importants en Sicile, mais il s'agit d'un bilan en trompe-l'œil. Si le commandement italo-allemand, assuré par le général Alfredo Guzzoni, peut compter sur près de 280 000 hommes, moins de 40 000 sont Allemands, dont ceux de deux excellentes divisions blindées, la 15e panzer et la division Hermann Göring. Le reste est composé de troupes italiennes totalement démoralisées. Sur les douze divisions présentes, six divisions italiennes sont des divisions dites « statiques », c'est-à-dire sans aucune valeur offensive et dépourvues de moyens de transport en nombre suffisant pour appuyer un mouvement. Elles ne peuvent guère que tenir leurs positions. Quatre divisions italiennes d'active, également présentes, sont incapables de faire jeu égal avec les divisions alliées. L'état moral des défenseurs italiens est si déplorable que sur certaines plages, une fois la surprise passée, on voit des soldats italiens donner un coup de main aux Alliés pour débarquer leur matériel !

## Une progression ralentie

Le plan d'opération est simple : Montgomery doit remonter le plus vite possible vers le nord et Messine, afin de couper toute retraite aux armées de l'Axe, tandis que Patton doit remonter

### Les DUKW

Les Alliés se dotent d'un arsenal destiné à favoriser les opérations amphibies. Ils disposent naturellement de nombreux chalands de débarquement de tous types, pour transporter des troupes ou des blindés. Le DUKW est quant à lui un véhicule amphibie destiné à transporter des troupes et du matériel, des navires de transport jusqu'aux plages. Mesurant un peu plus de 9 mètres, le DUKW peut se déplacer sur une eau relativement calme (l'un d'eux traversera la Manche lors d'une expérience) et, grâce à ses roues, peut également se déplacer sur la terre ferme.

au nord et à l'ouest. Le terrain, accidenté, ne favorise guère l'offensive et, au contraire, rend bien service au défenseur. Chaque oliveraie, chaque repli de terrain est propice à une embuscade. Les Britanniques ont par surcroît la malchance de faire face à la meilleure unité de l'Axe déployée sur l'île, la division Hermann Göring, qui bloque totalement le passage, tandis que Patton progresse à toute vitesse, ne rencontrant qu'une résistance éparse de troupes italiennes démobilisées. Le 20 juillet,

Eisenhower, en charge du commandement global de l'opération et constatant que les progrès de Montgomery sont très insuffisants, demande à Patton de surseoir à son attaque sur Palerme et à pivoter vers l'est pour prêter main-forte à Montgomery. Il est temps : deux nouvelles divisions allemandes sont débarquées en Sicile, qui renforcent considérablement les défenses de l'île, tandis que l'armée italienne semble littéralement s'effondrer, surtout lorsqu'on apprend que Benito Mussolini vient d'être renversé à Rome et que la position de l'Italie au sein de l'Axe semble chancelante.

## L'évacuation

Début août, de nouvelles opérations amphibies sont effectuées afin de contraindre les défenseurs de l'île, désormais cantonnés dans le nord-est, à se replier. L'évacuation de l'île commence dès le 3 août pour les troupes italiennes dans le réduit défensif. La présence de navires, d'une aviation nombreuse et d'un véritable rideau dressé par la défense antiaérienne permet l'évacuation de presque toutes les troupes qui n'ont pas capitulé. Le 11 août, les Allemands débutent eux aussi leur mouvement de repli. Les Alliés entrent dans Messine le 17 août, libérant ainsi toute la Sicile, mais sans être parvenus à anéantir les divisions allemandes, qui se redéploient aussitôt en Italie même.

Base navale française de La Pêcherie (Tunisie). Préparatifs de l'armée américaine pour l'invasion de la Sicile. Juillet 1943.

## Bilan

Le bilan de l'opération Husky est mitigé. Les Alliés ont perdu 20 000 hommes dont 5 000 tués, contre 30 000 tués, blessés et disparus du côté de l'Axe, auxquels s'ajoutent 140 000 prisonniers, Italiens pour la plupart. Mais les Allemands sont parvenus à évacuer plus de 3 000 véhicules. La Sicile a deux implications majeures. La première est de provoquer la chute de Mussolini. Avant même l'évacuation, le 25 juillet, le dictateur italien est destitué par le Grand Conseil fasciste et emprisonné. Le maréchal Badoglio, qui lui succède, entreprend, dans le plus grand secret, des tractations avec les Alliés. L'Italie va bientôt abandonner l'Allemagne. La seconde est que les désastreuses opérations aéroportées vont conduire les Alliés à retravailler la coordination entre les avions de transport et les divisions de parachutistes, permettant le succès du débarquement de Normandie.

janvier
# 1944

# Anzio
## L'échec de l'opération Shingle

Fin décembre 1943, la situation semble inextricable en Italie. Les Alliés y ont débarqué un fort contingent en septembre qui, après quelques succès, a marqué le pas et est venu buter contre la ligne Gustav, tenue par les Allemands au sud de Rome. Pour tenter de desserrer cet étau, les Alliés décident de lancer une nouvelle opération amphibie, sur les arrières des armées allemandes.

Le nom de code de l'opération est « Shingle » (galet en anglais). L'objectif est la ville d'Anzio, située au sud de Rome. Les 40 000 hommes qui doivent débarquer sont répartis en trois groupes. Le premier doit débarquer à 10 kilomètres au nord d'Anzio. Il est formé d'une division britannique, la 1re, soutenue par des blindés. Le deuxième groupe, américain, formé par un groupement de rangers, doit s'emparer de la ville et du port d'Anzio. Le troisième groupe doit débarquer à 10 kilomètres à l'est d'Anzio et est constitué par la 3e division d'infanterie américaine. Ces trois forces doivent ensuite se regrouper avant de lancer une offensive vers le sud-est, afin de tendre la main aux troupes alliées qui piétinent devant le mont Cassin.

### L'assaut

Le 22 janvier, le débarquement débute, sans rencontrer de véritable opposition, les troupes alliées n'enregistrant, durant les premières 24 heures, que 13 tués. À minuit, le 22 janvier, 36 000 hommes ont déjà pris pied sur la tête de pont, qui mesure déjà 4 kilomètres de profondeur.

Mais très vite, les choses se gâtent. Le général américain Lucas, en charge de l'opération, fait preuve d'une très grande prudence, ne souhaitant pas s'enfoncer trop vite dans le dispositif allemand, dont il ignore précisément l'étendue et les effectifs. Comme le dira Churchill dans ses mémoires : « *Nous avions espéré faire débarquer un chat sauvage, mais nous nous retrouvâmes avec une baleine échouée.* »

Certains historiens considèrent que si Lucas avait poussé son avantage, ses troupes auraient pu rentrer dans Rome dans les jours qui suivaient (mais se seraient probablement retrouvées encerclées). Lucas n'a accepté sa mission qu'à contrecœur et ne croit guère en ses chances de succès. Il commet une erreur en n'étendant pas davantage le périmètre de sa tête de pont, tout en continuant de débarquer des renforts et du matériel, qui lui permettent de défendre son petit

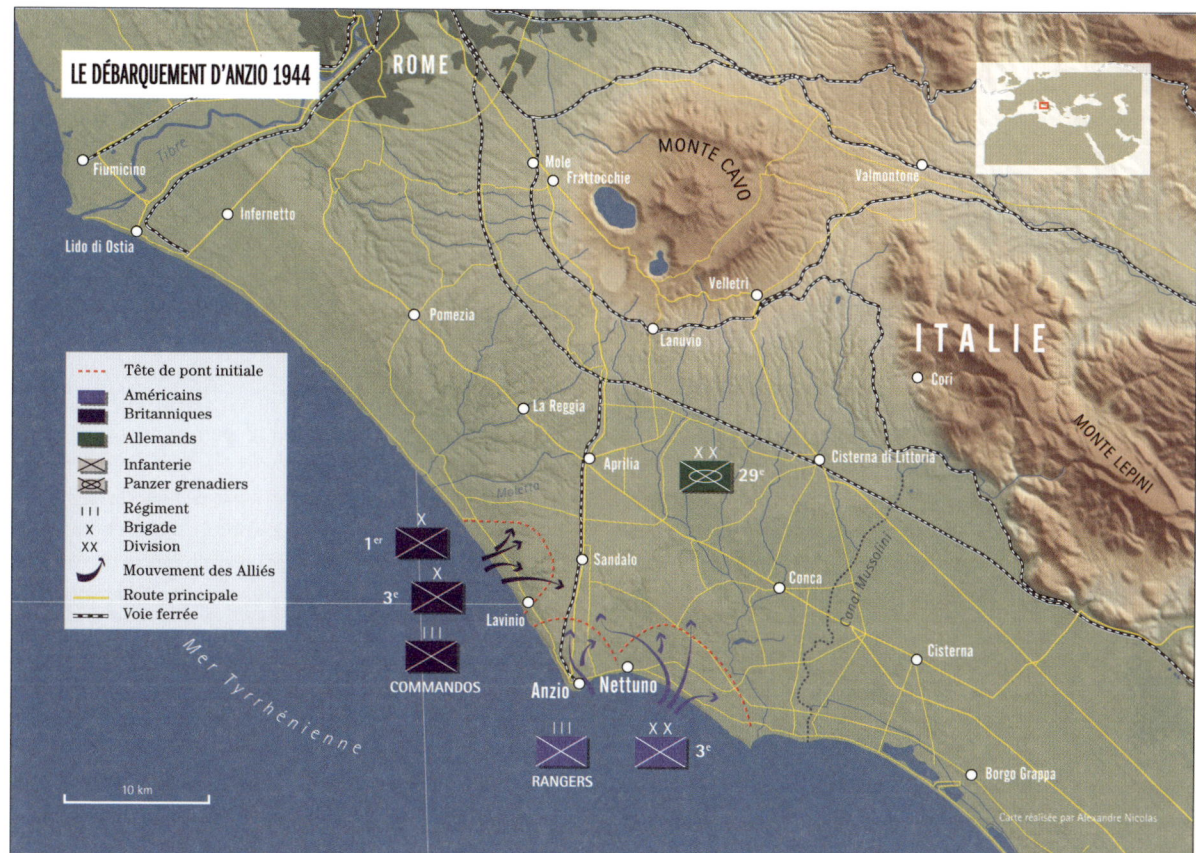

LE DÉBARQUEMENT D'ANZIO 1944

**Légende :**
- Tête de pont initiale
- Américains
- Britanniques
- Allemands
- Infanterie
- Panzer grenadiers
- ||| Régiment
- X Brigade
- XX Division
- Mouvement des Alliés
- Route principale
- Voie ferrée

10 km

Carte réalisée par Alexandre Nicolas

périmètre avec acharnement, sans poser de réels problèmes aux Allemands, qui se contentent de former un cordon sanitaire autour de la poche.

## Les Allemands réagissent

Kesselring, surpris par ce débarquement, réagit avec rapidité. Il dépêche immédiatement des troupes de réserve, dont la

### Le général Truscott

Le général Lucian Truscott (1895-1965) est chargé, fin février 1944, de remplacer le général Lucas, considéré comme incapable de mener à bien la sortie de la tête de pont d'Anzio. Il commandait jusque-là la 3e division d'infanterie, qu'il avait brillamment dirigée en Sicile puis débarque à sa tête à Anzio. Il participe ensuite à l'opération Dragoon, le débarquement en Provence et libère Marseille avant de remonter la vallée du Rhône.

division d'élite Hermann Göring et des éléments de la 4e division de parachutistes pour encercler les Alliés. Il craint au départ que les Alliés ne lui laissent pas le temps de former une ligne de défense mais dès le 23, il lui apparaît comme évident que l'apathie des Alliés va durer et il y envoie donc davantage de troupes, obtenant par ailleurs des renforts d'autres théâtres d'opération.

Le 25 janvier, trois divisions complètes encerclent la tête de pont d'Anzio, et d'autres sont en route pour la fermer définitivement. Les soldats alliés présents dans la poche ne constituant pas une véritable menace, Kesselring se contente de rester en alerte, sans chercher à rejeter les Alliés à la mer, considérant qu'il a plus à y perdre qu'à y gagner.

Bien vite, cette tête de pont d'Anzio devient un véritable piège pour les Américains et Britanniques. Déployés sur un terrain qui manque considérablement de zones où s'abriter, ils sont soumis au bombardement constant de l'artillerie allemande qui pilonne la tête de pont avec d'autant plus de facilité qu'elle est littéralement encombrée de troupes et de matériel.

Fin janvier, deux nouvelles divisions américaines, dont une blindée, sont arrivées dans la poche. Les Américains sont près de 70 000. Les Allemands, en face, disposent d'effectifs comparables et d'une bien meilleure position défensive, appuyée sur la ville de Cisterna. Les Américains tentent une timide percée en

## Les rangers

La première unité de rangers américains (littéralement : des gardes forestiers) remonte aux guerres en dentelles au XVIIIe siècle. Les rangers sont des soldats rompus à la vie en forêt, aptes à manœuvrer indépendamment des unités régulières de l'armée, formées au combat en tirailleur et aux coups de mains. En 1942, le général américain Marshall leur redonne officiellement vie. Ces petites unités mobiles de soldats d'élite seront le fer de lance de nombreux assauts, d'Anzio à la pointe du Hoc en Normandie.

direction de cette ville, qui se solde par un échec. Début février, les Allemands, qui ont reçu 30 000 hommes supplémentaires, décident de passer à l'action. Du 3 au 7 février, ils parviennent à rectifier le saillant obtenu par la première attaque américaine. Une tentative alliée de le reprendre se solde par un échec.

## Lucas est limogé

Le 16 février, un nouvel assaut allemand menace de rejeter les Américains à la mer. Ils se battent avec l'énergie du désespoir, sur un front très étroit. Chacun lance ses forces dans la bataille. Les pertes sont très élevées et la 14e armée allemande, chargée de ce secteur d'opérations, commence

à accuser le coup. Le 22 février, tirant les conclusions qui s'imposent de l'inaction du général Lucas, Clark le remplace par le général Truscott, connu pour son tempérament agressif.

De part et d'autre, on fortifie sa position en attendant des jours meilleurs, les Allemands mettant la main à une nouvelle ligne fortifiée, la ligne César, censée contrer toute tentative de sortie de la tête de pont. Truscott espère beaucoup des nombreuses offensives sur la ligne Gustav, qui ne parviennent finalement pas à obtenir la percée qui permettrait à ses troupes d'être désincarcérées.

Au cours du mois de mars et d'avril, le général Truscott, qui n'ignore rien des préparatifs de l'opération « Diadem », prépare sa propre offensive, conjointement avec Clark. Son nom de code : Buffalo. Buffalo prévoit, le 23 mai, une poussée vers le nord-est, menée par deux divisions britanniques et une percée, vers le nord-est, menée par trois divisions américaines, dont une division blindée. Elle débute à 4 heures du matin par un intense bombardement d'artillerie. La ville de Cisterna, clé de la défense allemande, tombe aux mains de la 3e division d'infanterie américaine le 25 mai. La suite du plan prévoit alors une poussée dans le même axe, qui permettrait de couper la retraite des troupes allemandes qui quittent alors la ligne Gustav. Mais le 26, Clark ordonne à Truscott d'obliquer vers le nord et Rome, laissant les allemands filer.

Groupe de blindés américains pénétrant dans Rome.

## Bilan

Il faut donc six mois aux Alliés pour réussir à sortir de la poche d'Anzio. Ils ont perdu 43 000 hommes, dont 7 000 tués, contre 40 000 aux Allemands (5 000 tués). Le général Lucas fut beaucoup critiqué pour son inaction et l'échec de l'opération lui est généralement imputé. C'est oublier qu'il n'avait pas au départ les moyens d'exploiter la tête de pont, mais aussi que le seul débarquement d'Anzio entraîna le départ de nombreuses unités allemandes d'autres secteurs, notamment de France, afin de parer à la menace, divisions dont l'absence allait se faire cruellement sentir lors du débarquement de Normandie.

# Cassino
## Ouvrir une brèche

Le 8 septembre 1943, les Alliés débarquent à Salerne, en Italie. L'affaire semble alors devoir être vite réglée, la conquête de l'Italie une véritable formalité, car le 3 septembre, les Italiens ont secrètement signée leur capitulation. Mais les Allemands ont eu vent de la défection de leur ancien allié et ont pu non seulement déployer des troupes un peu partout en Italie mais également désarmer les soldats Italiens pour éviter qu'ils ne se retournent contre eux.

Les Alliés se refusent à risquer un débarquement trop loin de leurs bases aériennes, craignant de ne pouvoir le soutenir. C'est pourquoi ils débarquent à Salerne beaucoup trop au sud et dans un secteur que les Allemands avaient identifié comme un possible lieu de débarquement des troupes.

Mais le haut commandement allemand se divise sur l'attitude à adopter. Le maréchal Kesselring, en charge d'une partie du front italien, estime qu'il convient de défendre la péninsule le plus au sud possible, les montagnes situées au centre de l'Italie permettant d'organiser des lignes défensives successives très puissantes.

Rommel, en charge du sud, y est quant à lui opposé. Comme souvent, Hitler opte pour une voie relativement médiane, qui ne satisfait personne et ne permet pas, en tous cas, de porter un coup d'arrêt à la progression des Alliés.

### Naples tombe

Retenus un temps par des éléments de la Xe armée allemande, les deux armées alliées débarquées à Salerne finissent toutefois par élargir leur tête de pont et entrer dans Naples le 1er octobre. Entre-temps, Kesselring a eu le temps de fortifier une ligne de défense, qui s'appuie au centre des Apennins sur la position du mont Cassin.

Toute la ligne de défense allemande s'appuie sur des crêtes, des vallées encaissées, qui interdisent naturellement toute percée aux troupes blindées et offre de splendides positions défensives, qui doivent souvent être conquises au corps à corps et au prix de pertes effroyables. L'armée d'Italie, commandée par le général Mark Clark, est un mélange d'unités américaines, britanniques, néo-zélandaises, indiennes, canadiennes et françaises, dont la qualité est très variable.

### Monte Cassino

Rapidement, il apparaît que la position du mont Cassin, défendu par une unité

BATAILLE DU GARIGLIANO 1944

**Légende:**
- Ligne Gustav
- Américains
- Britanniques
- Allemands
- Infanterie
- XXX Corps d'armée
- XXXX Armée
- Mouvement des Alliés
- Route principale
- Voie ferrée

20 km

Carte réalisée par Alexandre Nicolas

ROME · Monts Albins · Valmontone · XXXX 14e · XXXX 10e · Frosinone · CORPS EXPÉDITIONNAIRE XXX · Isernia · Velletri · Cisterna · Piedimonte · Cassino · Venafro · Nettuno · Mignana · XXX IIe · Anzio · XXX VIe · Garigliano · Marais de Pontine · Terracina · Golfe de Gaeta · Gaeta · XXX Xe · Colore · Capua · Caserta · Castel Volturno · Ponza · Mer Tyrrhénienne · Ischia · NAPLES

d'élite, la 1ʳᵉ division de parachutistes allemande, est le véritable verrou de la ligne de défense allemande. Les Alliés vont donc l'attaquer à trois reprises.

La première attaque débute après une trêve hivernale imposée par les conditions climatiques détestables, le 17 janvier 1944. Le Xᵉ corps britannique tente de déboucher sur le Garigliano, en direction de la

## Les Goumiers marocains

Les soldats marocains de l'armée française sont appelés goumiers, nom découlant du Goum, équivalent à une compagnie, trois ou quatre Goum formant un Tabor (bataillon). Les Groupements de tabors marocains (GTM) comptent environ 3000 hommes. Ils sont par ailleurs pourvus d'un groupe de muletiers, qui transporte le matériel lourd et les munitions et permet donc à ces troupes de se mouvoir aisément en terrain accidenté.

côte. Contre toute attente, la percée s'effectue avec aisance, mais les Alliés ne disposent pas de réserves pour l'exploiter et laissent donc aux Allemands le temps de colmater la brèche qui s'est ouverte sur leur front. Le 20 juin, le IIe corps américain attaque à la droite des Britanniques. Il s'agit là de l'attaque principale, sur laquelle on compte afin d'emporter la victoire. Mais le terrain – les rives du Rapido en contrebas du mont Cassin – est accidenté et couvert de mines et de chaussetrappes. C'est un désastre. La 34e division texane, fer de lance de l'attaque, subit des pertes affreuses et doit revenir sur ses positions dès le 21 janvier. Sur leur droite, le corps français enregistre des progrès notables face à la 5e division de montagne allemande qui lui fait face. Les divisions marocaines et algériennes forcent alors le respect et l'admiration de tous les belligérants, subissant des pertes effroyables sans jamais perdre de leur allant. Le général Juin, qui commande les Français, se fait alors l'avocat d'une manœuvre de contournement du mont Cassin. Il n'est pas entendu. L'offensive s'arrête.

Elle reprend le 12 février. Le mont Cassin est à nouveau l'objectif principal des troupes alliées et, cette fois, est dévolu aux troupes indiennes et néozélandaises. Trois jours durant, elles tentent en vain de s'emparer du monastère qui a été écrasée par 200 bombardiers américains, le transformant en un champ de ruine. C'est un nouvel échec et, au

## La destruction du mont Cassin

Le monastère du mont Cassin (Monte Cassino) est une véritable splendeur du Moyen Âge. Cette abbaye bénédictine abrite en son sein de véritables chef-d'œuvres picturaux ainsi qu'une bibliothèque réputée depuis des siècles dans toute la chrétienté pour ses ouvrages précieux. Les Alliés soupçonnent – à tort – les Allemands de l'utiliser comme poste d'observation. Une fois détruite, elle va effectivement leur servir de point d'appui, les ruines étant bien plus faciles à défendre que les bâtiments debout.

soir du 18 février, les Alliés doivent à nouveau battre en retraite.

## Une nouveau plan

La troisième bataille débute le 15 mars. Elle est précédée par un intense bombardement, qui, encore une fois, s'avère peu efficace. Les Indiens et Néo-Zélandais remontent une nouvelle fois à l'assaut et subissent encore des pertes cruelles.

Le haut commandement décide alors de cesser les offensives à répétition et de préparer une attaque de plus grande envergure, tandis que le général américain Clark souhaite poursuivre. On donne raison à Alexander, mais aussi,

finalement au général français Juin qui, depuis des semaines, affirme que l'assaut sur le mont Cassin est une erreur et qu'il convient de le contourner.

Le nouveau plan de l'opération « Diadem » prévoit une poussée vers le nord-ouest, dans la vallée du Garigliano et du Liri. Les Polonais, dont un corps complet est alors disponible en Italie, devront attaquer Cassino par le nord. Les Français eux doivent contourner Cassino et la vallée du Garigliano par le sud, non pas en suivant les vallées, mais au contraire en escaladant les montagnes, passant ainsi derrière les Allemands jusqu'à la vallée du Liri, afin de contraindre les Allemands à se replier, ouvrant ainsi la route aux troupes mobiles britanniques et américaines déployées à gauche du corps français. L'attaque débute sans préparation d'artillerie à 23 h 00, le 11 mai. Le lendemain, les premières crêtes sont aux mains des tirailleurs marocains et algériens, tandis que les Polonais continuent de se casser les dents sur le mont Cassin. Dès le 13 mai, les Français ont débouché dans la vallée du Liri. Les Français ne s'arrêtent pas et poussent leur avantage, enfonçant la ligne Hitler, deuxième ligne de défense. Il ordonne le décrochage de ses vaillants parachutistes. Le 18 mai, les polonais pénètrent enfin dans le mont Cassin, tandis que la IIe armée américaine peut s'élancer le long de la côte. La ligne Gustav est percée.

Le monastère du mont Cassin (Italie) après le bombardement, mai 1944.

## Bilan

Après des mois passés en vaines offensives, la percée est donc obtenue sur la ligne Gustav en une journée. La bataille du Garigliano, qui permet aux Alliés de contourner le mont Cassin en profondeur, est une réelle victoire française, mais dans laquelle la VIII$^e$ armée britannique, la II$^e$ armée américaine et le corps polonais ont naturellement joué un rôle de premier plan. Juin a su à merveille utiliser les capacités de ses troupes coloniales, qui se sont enfoncées profondément dans des secteurs peu défendus car jugés infranchissables par les Allemands. La route de Rome est ouverte. La ville tombera aux mains les Alliés le 5 juin.

juin
**1944**

# Normandie
## Le jour J

Le 6 juin 1944, débute la plus importante opération amphibie de l'histoire. Voilà près de quatre ans que les Britanniques ont été chassés du continent par la défaite de la France. Les Allemands ont profité de ce délai pour établir, du Danemark à la frontière espagnole, un réseau fortifié, pompeusement baptisé « mur de l'Atlantique ». Les Alliés ont tenté d'en percer les défenses en 1942, à Dieppe. L'échec fut sanglant mais des leçons ont été tirées qui vont s'avérer profitables.

Les Alliés doivent en effet disposer rapidement d'un port. L'assaut sur Dieppe a démontré que, malgré les progrès en armement, il demeure impossible d'en prendre un d'assaut. Il convient donc d'éviter une attaque frontale sur un port mais de débarquer sur un secteur permettant rapidement de s'emparer d'un port. Pour les Allemands, le Pas-de-Calais semble à ce titre l'endroit idéal, car il est très proche des côtes anglaises. Les Alliés, qui se lancent dès 1943 dans une vaste opération d'intoxication, confortent les Allemands dans cette idée. Mais le choix des Alliés se porte sur la Normandie avec, comme premiers objectifs, la ville de Caen à l'est de la future tête de pont et le port de Cherbourg au nord-ouest. Puisque l'on ne disposera pas d'un port dans un premier temps, des ports artificiels transportables par mer sont conçus.

Les effectifs engagés dans l'opération « Overlord » s'élèvent à trois divisions de parachutistes et huit divisions d'infanterie, appuyées par des chars amphibies, transportés et soutenus par une flotte de plus de 3 000 navires. Les parachutistes britanniques reçoivent pour mission de s'emparer des ponts sur l'Orne, à l'est. Les parachutistes américains (deux divisions) sont déployés à la base de la péninsule du Cotentin, avec pour mission d'assurer la liaison entre les deux zones de débarquement, nom de code Utah et Omaha, attaquées par trois divisions d'infanterie américaine. À l'est, les Britanniques débarquent à Gold et à Sword, la plage de Juno étant attaquée par les Canadiens.

### Divergences chez les Allemands

Face à eux, les Allemands ne disposent, en première ligne que de trois divisions. Si la 352e est expérimentée, les 709e (Utah) et 712e (Gold Juno

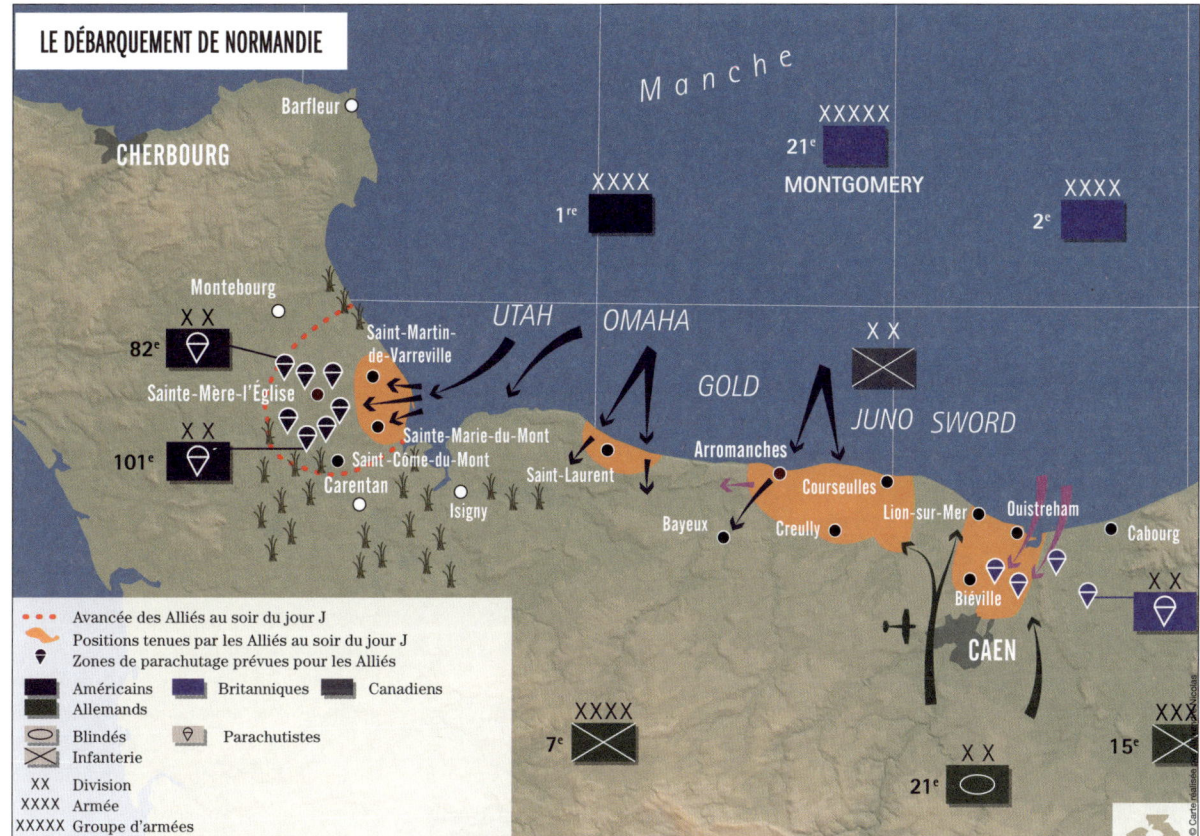

**LE DÉBARQUEMENT DE NORMANDIE**

Manche

Barfleur

CHERBOURG

XXXXX
21e
MONTGOMERY

XXXX
1re

XXXX
2e

Montebourg

XX
82e

UTAH

OMAHA

GOLD

XX

JUNO  SWORD

Saint-Martin-de-Varreville

Sainte-Mère-l'Église

XX
101e

Sainte-Marie-du-Mont

Saint-Côme-du-Mont

Carentan

Isigny

Saint-Laurent

Arromanches

Bayeux

Creully

Courseulles

Lion-sur-Mer

Ouistreham

Cabourg

Biéville

XX

CAEN

Avancée des Alliés au soir du jour J
Positions tenues par les Alliés au soir du jour J
Zones de parachutage prévues pour les Alliés

Américains    Britanniques    Canadiens
Allemands

Blindés    Parachutistes
Infanterie

XX    Division
XXXX    Armée
XXXXX Groupe d'armées

XXXX
7e

XX
21e

XXX
15e

et Sword) sont des divisions dites « statiques », composées de réservistes. Elles peuvent s'appuyer, cependant, sur un réseau fortifié, le mur de l'Atlantique. Mais ce « mur » comporte de très nombreuses failles, que les Alliés vont exploiter. Surtout, le haut commandement allemand n'est pas parvenu à se mettre d'accord sur

## Les planeurs

Si, aux yeux du grand public, les divisions aéroportées sont composées de parachutistes, il convient de ne pas oublier l'élément aérotransporté, c'est-à-dire transporté par planeurs. Les Britanniques en font un grand usage à l'est de Caen. Silencieux, très rapides dans leur descente, ils évitent la dispersion des troupes et permettent même d'embarquer du matériel lourd, comme des véhicules ou des pièces d'artillerie.

les méthodes de défense et sur l'emploi et le déploiement des réserves de blindés. Le maréchal Rommel, en charge du secteur, estime qu'il convient de rejeter les Alliés à la mer dès qu'ils tenteront de mettre le pied sur le sol européen. Il a combattu les Alliés en Afrique du Nord et a pu mesurer les effets de leur suprématie matérielle. Il est convaincu que si les Alliés parviennent à créer une tête de pont, il sera impossible de les en déloger. Cette vision n'est pas partagée par d'autres, qui pensent au contraire qu'il faut laisser les Alliés débarquer un grand nombre de troupes pour contre-attaquer vivement et leur infliger des pertes dont ils ne se remettront pas. Les partisans de cette solution militent également pour un déploiement, loin de la côte, des réserves stratégiques de blindés. Rommel, quant à lui, souhaite au contraire les voir placées à moins de 50 km des côtes car il se souvient également des effets de la suprématie anglo-américaine dans le domaine aérien, dont il a beaucoup souffert en Afrique. Il craint que les Alliés ne soient en mesure d'interdire tout mouvement d'ampleur des blindés en attaquant sans relâche les colonnes allemandes. Il n'est pas écouté.

## L'invasion commence

L'opération débute peu après 00 h 00 le 6 juin. Ce sont les éléments aéro-transportés de la 6ᵉ division aéroportée

### Le Major Howard

Le Major (commandant) John Howard (1912-1999) est chargé de s'emparer des ponts sur l'Orne et sur le canal de Caen à la mer, aux premières heures du jour J. Son personnage a été rendu célèbre par le film *Le Jour le plus long*, qui le dépeint comme un soldat habité par la voix de ses supérieurs qui lui ont dit : « *Vous tiendrez jusqu'à ce qu'on vous relève.* » Détail lourd de sens : l'acteur interprétant le rôle était lui-même soldat de la 6ᵉ division aéroportée et participa à cette attaque au côté de Howard.

britanniques qui ouvrent le bal. Leurs planeurs se posent à moins de 25 m de leur premier objectif, le pont de Bénouville, dont ils s'emparent presque sans coup férir. Ils sont bientôt attaqués par des éléments de la 21ᵉ division de Panzers, la seule dont les Allemands disposent dans le secteur. Les parachutistes américains, eux, sautent dans la zone de Sainte-Mère-Église. L'opération se déroule assez mal, les parachutistes, disséminés sur de larges zones, peinent à coordonner leurs actions.

À 6 h 30, les premiers soldats américains mettent le pied sur le sol français,

sur la plage d'Utah. Le débarquement a lieu presque sans encombre et, après quelques accrochages sans gravité, les Américains contrôlent, dès 9 h 00 du matin, les accès de la plage et peuvent commencer à s'avancer dans les terres, rejoignant les parachutistes de la 101ᵉ aéroportée vers 12 h 00.

## Omaha la sanglante

Mais à Omaha, il en va tout autrement. Débarqués à 6 h 30, les Américains sont littéralement cloués sur la plage par les tirs de mitrailleuses, de mortiers et de canons des soldats allemands de la 352ᵉ division d'infanterie. C'est une véritable boucherie. Les troupes s'accumulent, mais ne peuvent progresser, les chars amphibies sont déployés trop loin de la plage et coulent à pic. Vers 9 h 00, le général Bradley, en charge du débarquement côté américain, songe à rembarquer. Mais vers 9 h 15, la situation se débloque. Les Américains parviennent à percer les défenses et submergent bientôt les défenseurs allemands. Leurs pertes s'élèvent à 4 700 hommes.

Sur les plages britanniques, la situation ressemble à celle rencontrée par les Américains à Utah. Si les combats sont violents, à Sword notamment, les Britanniques progressent assez aisément. Seule la position de Ouistreham, attaquée par les commandos français, donne un temps du fil à retordre aux Alliés.

Soldat américain surveillant, depuis un emplacement de canon, le débarquement des troupes de renfort sur une plage normande.

## Bilan

Au soir du 6 juin, les Allemands se sont avérés incapables d'effectuer la moindre contre-attaque ordonnée et les Alliés sont fermement déployés sur le sol normand. Malgré cela, la progression est moins rapide que prévue. Caen, qui devait tomber dès le 6 juin, est encore aux mains des Allemands et va le rester encore un certain temps. Mais les Alliés ont déjà débarqué 70 000 hommes sur le sol français et des milliers d'hommes en renfort sont en route. Bientôt, des ports artificiels vont permettre de débarquer du matériel en de très grandes quantités. Les réserves allemandes, déployées trop loin du front, seront constamment prises d'assaut par l'aviation alliée mais aussi par la Résistance, qui leur infligera des pertes sévères. La bataille de Normandie est déjà perdue pour les Allemands.

**août**
**1944**

# Falaise
## La tentative d'encerclement

Le débarquement de Normandie, débuté le 6 juin 1944, est un succès. Les Allemands ne sont pas parvenus à rejeter les Alliés à la mer et ces derniers sont parvenus à établir une solide tête de pont, s'emparant de Cherbourg le 27 juin 1944. Mais le bocage normand s'avère un obstacle redoutable, dans lequel les Allemands se défendent pied à pied.

Le 25 juillet 1944, désireux de sortir de cette impasse, le commandement allié se lance dans un assaut sur la route de Périers, précédé par un intense bombardement. L'opération est un succès, qui permet aux Américains de percer les lignes allemandes. Pendant ce temps, les Britanniques, commandés par Montgomery, piétinent toujours à l'est, dans le secteur de Caen. Début août, après s'être emparés de Saint-Lô et d'Avranches, à la base de la péninsule du Cotentin, les Américains peuvent lancer leurs divisions blindées en direction du sud et de l'ouest. La percée se transforme en déferlante. Cette déferlante, les Allemands tentent de la contrer en attaquant à Mortain.

L'opération se déroule dans la nuit du 6 août 1944. Près de 200 chars allemands, ce qui reste des réserves opérationnelles, sont lancés en direction de la côte avec pour objectif de couper les divisions blindées américaines qui s'enfoncent vers le sud du reste de la tête de pont. Cette offensive est un échec cuisant. Les Allemands sont arrêtés par les Américains qui contre-attaquent aussitôt. Le calvaire des armées allemandes ne fait que commencer.

### Nouvelle offensive britannique
Le 7 août, le général Montgomery a lui aussi lancé une attaque, depuis l'est de la tête de pont, en direction de la ville de Falaise. Le fer de lance de son attaque est constitué d'une division blindée canadienne et d'une division blindée polonaise. Malgré l'ampleur du bombardement préparatoire, la percée souhaitée n'est pas obtenue. Les Polonais font pourtant preuve d'un grand entrain, et pour cause : au même moment, l'armée allemande est en train de raser Varsovie.

Malgré l'échec de cette percée, ces deux divisions blindées progressent suffisamment vers le sud pour menacer les arrières de l'armée allemande de Normandie. Les divisions américaines continuant leur marche vers Brest, mais aussi vers Alençon, au sud de Falaise, ce

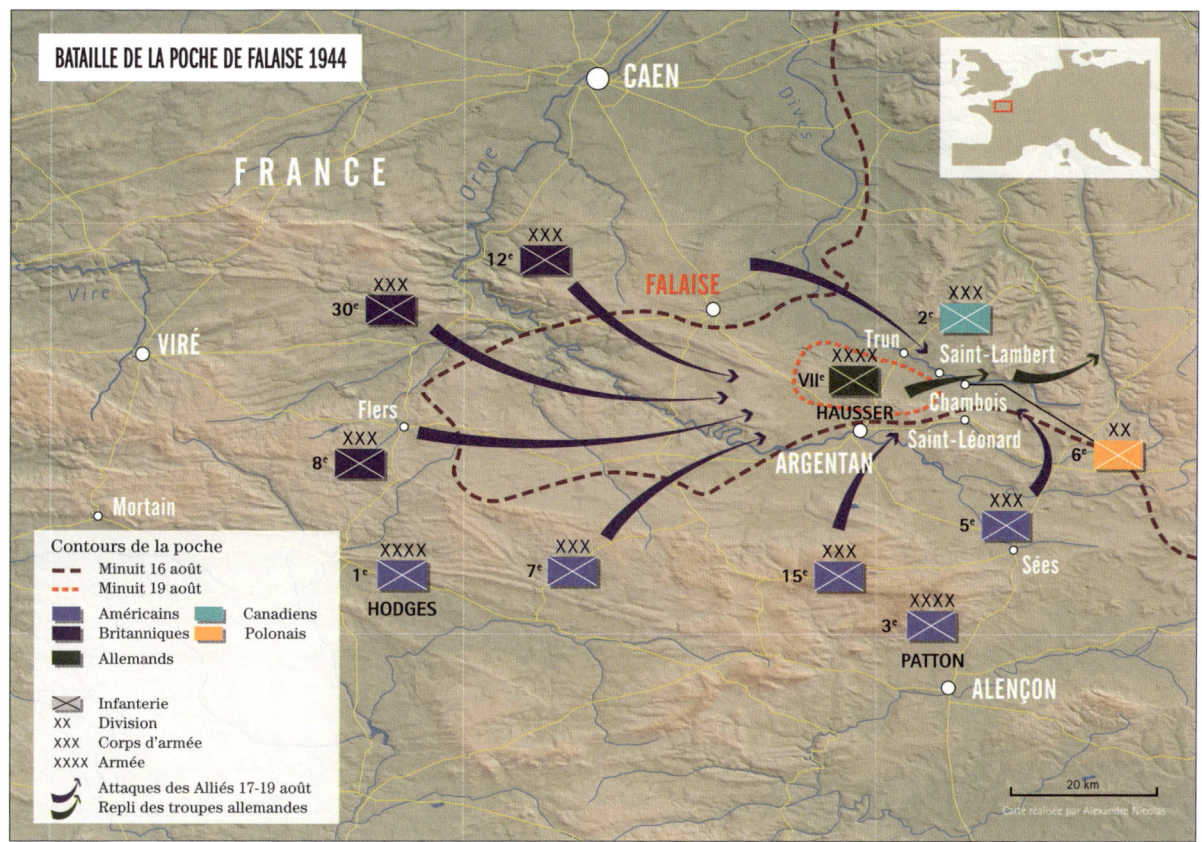

BATAILLE DE LA POCHE DE FALAISE 1944

FRANCE

CAEN

FALAISE

VIRÉ

Flers

Mortain

ARGENTAN

Trun
Saint-Lambert
Chambois
Saint-Léonard
Sées
ALENÇON

HAUSSER

HODGES

PATTON

**Contours de la poche**

– – – Minuit 16 août
– – – Minuit 19 août

Américains          Canadiens
Britanniques        Polonais
Allemands

Infanterie
XX      Division
XXX     Corps d'armée
XXXX    Armée

Attaques des Alliés 17-19 août
Repli des troupes allemandes

20 km

Carte réalisée par Alexandre Nicolas

sont potentiellement 100 000 Allemands qui risquent d'être encerclés.

Le 9 août, le général Patton, commandant la 3ᵉ armée américaine située au sud de la poche, ordonne à deux de ses divisions, dont la 2ᵉ division blindée française, de gagner le nord depuis le Mans. La bataille de la poche de Falaise va commencer.

## Le P-47 Thunderbold

Conçu au départ comme un avion de chasse et d'escorte des bombardiers, le P-47 Thunderbold, dont le vol inaugural a lieu en 1941, est bientôt considéré comme moins adapté dans ce rôle que son concurrent, le P-51 Mustang. Puissant, bien armé, très robuste, il est bientôt utilisé comme chasseur bombardier, appareil de soutien rapproché des troupes au sol, armé, selon les circonstances, de bombes ou de roquettes.

## Les Allemands sont encerclés

Il s'agit ni plus ni moins d'une course contre la montre. Hitler, totalement déconnecté du réel, exige que ses divisions blindées attaquent à nouveau vers Mortain à l'ouest, et vers le nord, afin de briser les assauts des Alliés. Il ne veut pas voir que les divisions dont il parle en conférence ont pour certaines presque cessé d'exister, comme la 9e panzer, réduite, mi-août, à 12 chars et 260 hommes. Sur le terrain, les officiers allemands ne pensent désormais plus qu'à une seule chose : sauver ce qui peut l'être.

Le 11 août, les troupes de Montgomery ne sont plus qu'à 10 kilomètres de Falaise, point par lequel les Allemands tentent à grand-peine de s'extraire.

Le général Kluge, en charge du secteur, est alors en proie au plus profond abattement. Il ne parvient pas, malgré ses exhortations, à faire comprendre à Hitler que ses armées sont sur le point d'être anéanties et qu'il convient d'ordonner, sans délai, un repli rapide vers la Seine. Hitler finit par consentir à faire cesser l'offensive de Mortain (qui n'existe plus que dans son esprit) et autorise un repli tactique de trois divisions blindées, dont deux de SS. Cet ordre est immédiatement exploité par ses subordonnés pour opérer un repli rapide vers Falaise.

## Un chaos total

Dans la poche, le chaos règne. Les routes, souvent étroites, sont encombrées de

### La 1re division blindée polonaise

Fondée en 1942 en Écosse, la 1re division blindée polonaise, commandée par le général Maczek, est formée à partir de soldats polonais ayant échappé à l'écrasement de leur pays en 1939. Surnommés avec mépris les « touristes du général Sikorski » (chef de l'État polonais en exil), ils s'illustrent en Normandie, puis en Belgique, aux Pays-bas et enfin en Allemagne où ils s'emparent de la base navale allemande de Wilhelmshaven, le 6 mai 1945.

véhicules militaires en tout genre, chars, camions, transports blindés, soumis continuellement aux attaques de l'aviation tactique américaine qui en font un massacre épouvantable.

Le 14 août, Montgomery lance l'opération Tractable, précédée par un bombardement aérien d'une grande violence, qui voit s'abattre sur les défenseurs allemands pas moins de 4 000 tonnes de bombes. Les deux divisions canadiennes chargées de l'attaque ne rencontrent en fait qu'une très faible résistance, la division SS Hitlerjugend qui leur faisait face ayant décampé, remplacée par deux divisions d'infanterie mal aguerries. Les Allemands, abasourdis par le bombardement, se rendent par centaines, presque

sans combat. Le lendemain, un rapport d'un officier du groupe d'armées B, encerclé dans la poche, décrit ainsi la situation au QG du Führer : « *Routes inutilisables, chars immobilisés faute de carburant, manque régulier de munitions, troupes affamées et épuisées, communications presque inexistantes.* »

Dans la nuit du 17 août, une division alliée, la 1re division blindée polonaise, se déploie à l'est de Falaise. Ironie de l'histoire, elle se retrouve, le lendemain matin, face à des éléments de la 2e division blindée allemande. Cette dernière s'était illustrée dans la campagne de Pologne face à la 10e brigade de cavalerie (blindée) polonaise, dont une partie des soldats de la 1re division polonaise de 1944 sont issus.

Mais les deux divisions censées prêter main-forte aux Polonais, la 90e division d'infanterie américaine et la 2e division blindée française, sont retardées. Les Canadiens, qui doivent également soutenir les Polonais depuis le nord-ouest, peinent eux aussi. Ces formations se heurtent en effet à une défense désespérée des Allemands. Malgré tous leurs efforts et leurs sacrifices, ces quatre divisions ne parviennent pas à fermer entièrement la poche de Falaise, dont les Allemands parviennent à s'extirper à grand-peine. Il faut attendre le 21 août pour que les troupes alliées puissent enfin se tendre la main et encercler ce qui reste des défenseurs allemands.

Ruines de Falaise (Calvados). Août 1944.

### Bilan

Pour les Allemands, le bilan de la bataille de la poche de Falaise est très lourd. Sur les 100 000 hommes encerclés, on estime qu'entre 20 000 et 45 000 sont parvenus à s'extraire. Les autres ont été tués (entre 10 000 et 15 000 selon les estimations) ou faits prisonniers. La majorité des divisions blindées allemandes de la poche a cessé d'exister, réduite pour la plupart à une poignée de chars et à quelques centaines d'hommes. Pratiquement tout le matériel a dû être abandonné. Le champ de bataille est proprement ahurissant, jonché de véhicules détruits et de cadavres d'hommes et de chevaux en putréfaction. Mais les Allemands ont évité un nouveau Stalingrad et les hommes qui se sont échappés vont pouvoir continuer le combat.

septembre
**1944**

# Market Garden
## La dernière victoire allemande

En septembre 1944, les troupes alliées sont partout victorieuses en France. Paris a été libéré en août et les armées anglo-américaines poursuivent des troupes allemandes en débandade, qui tentent de rejoindre la ligne Siegfried, dernier rempart protégeant le cœur du Reich. Les Allemands tiennent encore fermement l'estuaire de l'Escaut et empêchent donc les Alliés de profiter du port d'Anvers, dont la proximité avec l'Angleterre permettrait de raccourcir considérablement les délais d'acheminement du matériel et des troupes.

Plutôt que de s'attarder dans le secteur et de tenter, par une campagne nécessairement longue, d'en chasser les troupes allemandes qui s'y trouvent, le général Montgomery met au point un plan extrêmement hardi.

Le 10 septembre, il le présente à Eisenhower. À son énoncé, la plupart des officiers présents croient être victimes d'une hallucination auditive. Montgomery, le général méthodique et prudent, propose en effet un plan consistant à s'enfoncer de 100 kilomètres en quatre jours dans les défenses allemandes, à les prendre de vitesse et gagner la vallée de la Ruhr, atteignant ainsi le cœur industriel de l'Allemagne, tout en contournant la ligne Siegfried.

### Un plan audacieux

L'opération Market Garden doit débuter le 17 septembre, soit une semaine après sa présentation.

La première partie de l'opération (Market) doit voir le largage, en plein jour, de trois divisions de parachutistes. La 101ᵉ aéroportée US (général Taylor) doit être larguée au nord de la ville d'Eindhoven pour s'emparer de deux ponts enjambant des canaux. La 82ᵉ division aéroportée US (général Gavin) doit être quant à elle larguée au sud de Nimègue pour prendre possession d'un pont sur la Meuse, à Grave et d'un autre sur la Waal, à Nimègue. Enfin la 1ʳᵉ division aéroportée britannique (général Urquhart) doit être parachutée au nord de la ville d'Arnhem, pour s'emparer du pont sur le Rhin.

L'opération Garden, quant à elle, doit voir les unités blindées du XXXᵉ corps britannique s'élancer sur la route reliant Eindhoven à Arnhem en passant par Nimègue, profitant du passage ouvert par les parachutistes, afin de rejoindre les éléments avancés parachutistes de la 1re division aéroportée britannique dans les quatre jours. 107 km séparent les Britanniques d'Arnhem ; l'opération semble donc risquée, mais pas impossible.

Mais ce plan reçoit un mauvais accueil. Le général Patton y est fermement opposé, craignant de se voir priver de réserves pour sa propre offensive. D'autres officiers considèrent cette initiative comme une véritable folie. Certains participants, bien qu'enthousiastes, font également part de leurs réserves. Le général Urquhart, commandant les parachutistes britanniques, demande à être parachuté à proximité immédiate de la ville d'Arnhem, afin de pouvoir s'en emparer rapidement. La RAF objecte que le secteur est bien défendu par la DCA allemande et que ses pertes seront trop importantes. Ils sont au final largués à plusieurs kilomètres. Malgré les protestations, le plan est adopté.

### Premiers largages

Le 17 septembre, en début d'après-midi, les premiers largages de parachutistes débutent. Plus faciles que les largages de nuit, ces largages de

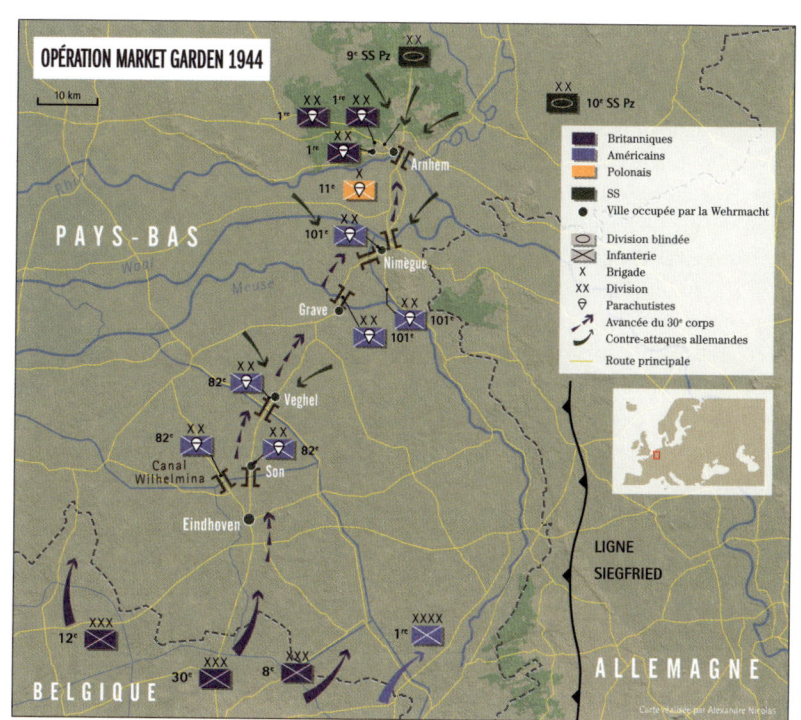

### Un pont trop loin ?

L'opération Market Garden a inspiré un livre célèbre, *Un pont trop loin*, dont a été tiré un film en 1977. La thèse de l'ouvrage veut que Montgomery aurait dû limiter l'opération aux largages sur Eindhoven et Nimègue. Le général Urquhart, encore vivant au moment de la sortie du livre, s'en vit adresser un exemplaire par l'auteur, Cornelius Ryan, à qui il répondit : « *J'ai lu votre livre avec intérêt, mais son titre est erroné. Il n'aurait pas dû s'appeler* Un pont trop loin, *mais* Trop loin du pont *!* »

jour permettent à près de 80 % des soldats d'atterrir à moins d'un kilomètre de leur objectif. La 101e aéroportée capture ses objectifs et peut donc ouvrir la voie. La 82e s'empare sans problème du pont de Grave, mais des retards dans l'exécution l'empêchent de s'emparer du pont de Nimègue, dont l'extrémité nord est fermement tenue, dans la soirée, par des soldats allemands.

À Arnhem, si le largage se déroule sans encombre, seule la moitié des effectifs peut marcher sur la ville d'Arnhem, l'autre devant rester sur place pour garder la zone de largage où doivent atterrir les renforts. Sur la route, la résistance des Allemands est plus forte que prévu et la 1re brigade parachutiste du lieutenant-colonel Frost n'arrive devant le pont sur le Rhin que dans la soirée. Mais l'autre extrémité du pont, par où les Alliés doivent déboucher, est aux mains des Allemands, ainsi qu'une bonne partie de la ville. Autre problème inattendu, les communications sont totalement coupées, les radios britanniques ne fonctionnant pas. Urquhart ne peut donc pas donner d'instructions ni en recevoir.

Pendant ce temps, à 15 h 00, le XXXe corps s'est mis en branle en direction d'Eindhoven. Mais, encore une fois, la résistance allemande se

### Les taxis de la Marne

Les taxis de la Marne sont entrés dans l'histoire, pour de bonnes et de mauvaises raisons. Leur montée vers les lignes de départ de l'offensive, chargés de soldats, est un événement en soi : c'est la première fois que des soldats sont transportés en masse par des véhicules automobiles. Mais ils ne transportèrent que 6 000 hommes au total, un chiffre dérisoire au vu des effectifs engagés.

fait plus forte qu'anticipée. On espérait que les 21 kilomètres séparant le XXXe corps d'Eindhoven seraient parcourus en moins de trois heures. Ils n'y sont pas encore à la nuit tombée.

### Une résistance inattendue

Les Alliés ont monté cette opération en toute hâte. Son succès en dépendait. Le 16 septembre, les reconnaissances aériennes ont appris au commandement allié que deux divisions de blindés SS, la 9e et la 10e, venaient d'arriver dans le secteur Nimègue-Arnhem. On a escompté sur l'effet de surprise pour contrer cette présence que personne

n'avait alors anticipée. On s'est trompé lourdement.

Car grâce à ces deux divisions bien équipées et à un excellent moral, la tâche se complique. Le 18 septembre, une contre-attaque allemande échoue à Arnhem, et les 82e et 101e sont attaquées par des éléments allemands isolés mais qui commencent à s'organiser. La 101e perd un pont, celui de Son, et le XXXe corps doit faire poser un pont du génie pour, dans la soirée du 18, entrer dans Eindhoven avec une journée de retard.

Le 19 septembre, les Britanniques présents dans Arnhem sont isolés de leur zone de largage, les renforts qui y sont parachutés ne parvenant pas à les rejoindre. Mais au sud, la situation s'améliore, le XXXe corps atteignant Grave peu après 8 h 00 du matin, tendant ainsi la main aux soldats de la 82e aéroportée. Mais Nimègue est aux mains des Allemands, qui tiennent fermement le pont. On décide alors d'effectuer un assaut dans des embarcations et de traverser la Waal pour s'emparer de l'autre extrémité.

Cet assaut a lieu le 20 septembre vers 15 h 00, alors que les parachutistes britanniques présents à Arnhem subissent des assauts de plus en plus violents. Le pont de Nimègue est aux mains des Alliés à 19 h 00. Ils peuvent reprendre leur marche vers Arnhem.

Canadiens de la II<sup>e</sup> armée britannique à la bataille d'Arnhem. Septembre 1944.

## Bilan

Le lendemain, un bataillon de parachutistes polonais est largué pour venir en aide aux Britanniques pris au piège, mais il est déjà trop tard. Urquhart n'a bientôt plus d'autre choix que de décrocher avec ce qui lui reste de troupes et abandonne Arnhem. Le 25 septembre, ses survivants traversent le Rhin de nuit et rejoignent les éléments de pointe du XXX<sup>e</sup> corps. Market Garden a échoué. La 1<sup>re</sup> aéroportée a cessé d'exister, perdant plus de 8 000 hommes tués, blessés ou prisonniers. Les Allemands viennent de remporter leur première victoire depuis la Normandie. Ce sera la dernière.

# Ardennes
## Le dernier coup de dés de Hitler

À la fin du mois de novembre 1944, les Alliés poursuivent leur poussée en France et en Belgique, en direction du Rhin. Le secteur des Ardennes est alors considéré comme très calme. Seules quatre divisions d'infanterie y sont déployées, ainsi qu'une division blindée inexpérimentée. Les fantassins américains, qui pour la moitié d'entre eux n'ont jamais vu le feu, sont relativement confiants : les rapports des services de renseignement ont même précisé que les Allemands ne disposaient, sur ce secteur, en fait d'artillerie, que d'un maigre bataillon hippomobile. Lorsque, au matin du 16 décembre 1944, le front américain est pilonné par des milliers de canons allemands, un soldat américain s'exclame : *« Ils doivent tuer ces maudits canassons à la tâche ! »*

Les Alliés ont depuis longtemps cassé le code des Allemands, mais ils sont pris au dépourvu par cette attaque. Pour Hitler, il s'agit clairement de l'offensive de la dernière chance. Il a fait réunir, dans le plus grand secret, une partie de ses divisions Panzers SS d'élite. Hitler espère que les conditions climatiques empêcheront l'aviation alliée d'interférer dans ses plans. Son objectif est ambitieux. Il entend atteindre Anvers afin d'isoler le 21e groupe d'armées pour contraindre les Alliés à négocier une paix séparée.

Dans le camp des Alliés on ignore tout des préparatifs allemands, le bruit court que l'armée allemande ne dispose plus des réserves de carburant nécessaires. Les Allemands comptent en effet s'emparer de dépôts alliés pour alimenter leurs chars au cours de l'opération, mais disposent de forces importantes : quatorze divisions d'infanterie bien équipées, appuyées par neuf divisions blindées, dont de nombreuses divisions de la Waffen-SS, pour un total de près d'un millier de chars. Les troupes effectuent de faux mouvements durant les jours précédant l'attaque, profitant généralement de la nuit pour revenir sur leurs pas. Pour ne pas donner l'alerte, aucune reconnaissance aérienne massive et aucun bombardement préliminaire ne sont effectués. L'attaque est fixée au 1er décembre : les Allemands attendent que le climat soit particulièrement détestable.

### La surprise est complète

À 5 h 30, le matin du 16 décembre, les quatorze divisions d'infanterie

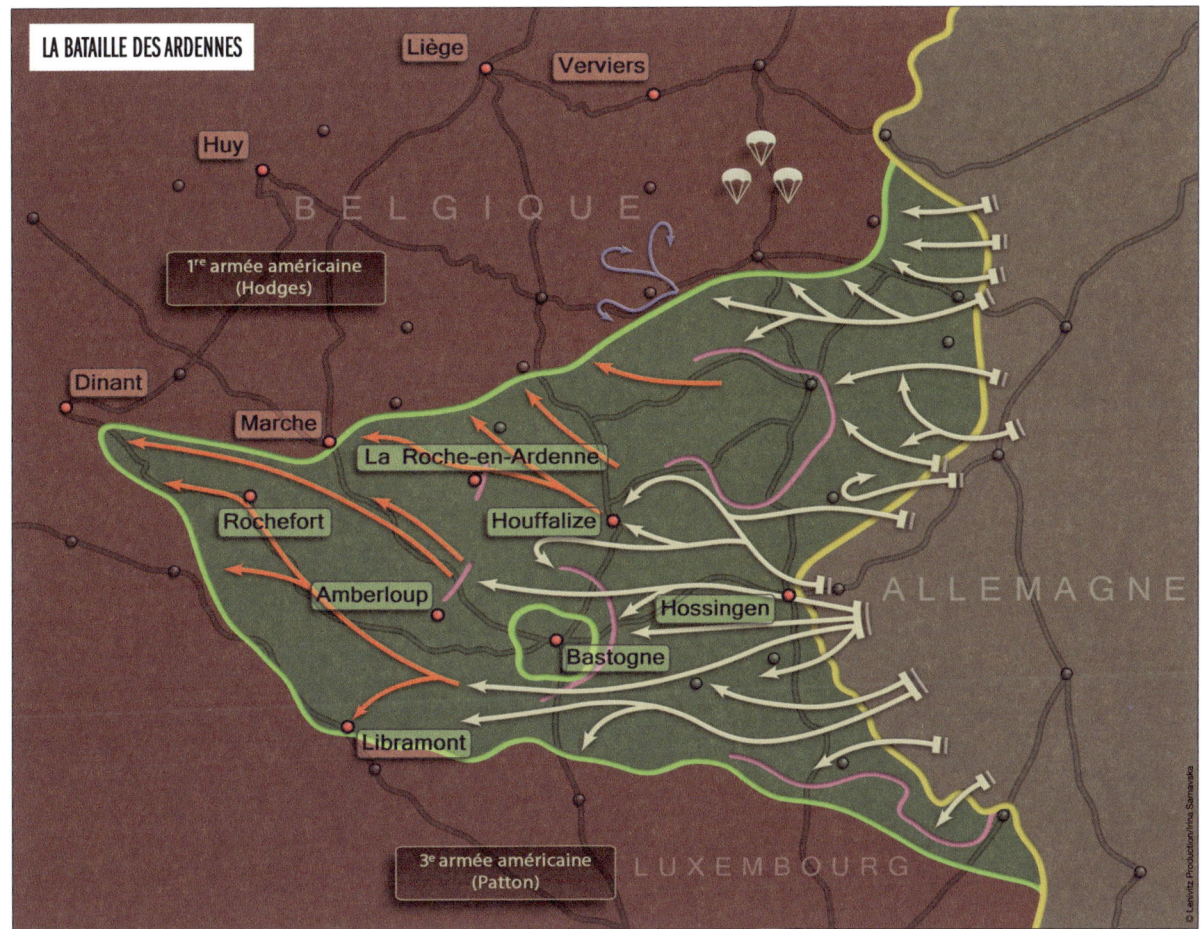

**LA BATAILLE DES ARDENNES**

Liège
Verviers
Huy
BELGIQUE
1re armée américaine (Hodges)
Dinant
Marche
La Roche-en-Ardenne
Rochefort
Houffalize
Amberloup
Hossingen
ALLEMAGNE
Bastogne
Libramont
3e armée américaine (Patton)
LUXEMBOURG

© Leiwitz Productions/Irina Samarakis

## Jochen Peiper

L'Oberstrumbannführer Joachim Peiper (dit Jochen), né en 1915, adhère très jeune à l'idéologie nationale-socialiste et fait son entrée dans la SS puis dans la Waffen-SS. En 1944, il est à la tête d'un groupement blindé de la 1re division de Panzers SS Leibstandarte Adolf Hitler. Condamné à mort en 1946 pour crimes de guerre, il voit sa peine commuée en emprisonnement et est libéré en 1956. Il serait mort en 1976 dans l'incendie de sa villa à Traves, en France, sans que son cadavre ait pu être formellement identifié.

allemande s'élancent, précédées par un barrage infernal délivré par près de 2 000 pièces d'artillerie sur un front d'une cinquantaine de kilomètres. Les lignes américaines sont alors très étirées et très peu de troupes garnissent la ligne de front. Au nord, la 6e armée Panzer SS du général Sepp Dietrich rencontre pourtant une certaine résistance et progresse difficilement face à deux divisions américaines qui luttent avec l'énergie du désespoir. L'élément de pointe de cette 6e armée, le Kampfgruppe Peiper, de la 1re division Panzer SS, parvient malgré tout à pénétrer dans les lignes américaines et à atteindre Stavelot, commettant au cours de son périple de nombreux crimes de guerres, massacrant des civils belges et parfois des prisonniers américains. L'attaque s'arrête à quelques centaines de mètres d'un immense dépôt de carburant dont les Allemands, qui en ont pourtant un grand besoin, ignorent la présence.

Au sud, la 5e arme Panzer de Manteuffel rencontre moins de résistance et balaie rapidement les unités des 28e et 106e divisions d'infanterie américaines.

## La réaction américaine

La réplique américaine est désordonnée. Les rapports faits à Eisenhower, commandant suprême des forces alliées en Europe, sont très fragmentaires et personne ne prend la mesure du danger. Le général Patton, engagé au sud des

### Le Konigstiger

Dernier-né des chars allemands, le Konigstiger ou « Tigre Royal » est un mastodonte de 70 tonnes, armé d'un canon de 88 mm et pourvu d'un blindage de 88 à 140 mm. Aujourd'hui considéré comme le meilleur char lourd de la seconde guerre mondiale, terreur des équipages alliés, il n'est produit que tardivement à 489 exemplaires et est employé pour l'essentiel par des divisions de la Waffen-SS.

Ardennes, considère qu'il s'agit d'une attaque de diversion. Mais lorsque, le 17 décembre, les Américains réalisent l'étendue du danger, ils réagissent avec énergie. La 7e division blindée américaine est aussitôt engagée et déployée à Saint-Vith, dans l'axe de progression de l'armée de Dietrich. La 82e et la 101e divisions aéroportées sont immédiatement envoyées occuper un nœud routier d'une grande importance stratégique : Bastogne. Lorsqu'elles atteignent la ville, le 18 décembre, les troupes de Manteuffel sont à moins de 25 kilomètres. À l'aube du 19 décembre, la Panzer Lehr, en pointe de l'armée de Manteuffel, atteint les faubourgs de Bastogne et constate que la ville est bien défendue. L'état-major allemand tente

alors de réagir à la situation. Dietrich ne parvient pas à déboucher tandis que Manteuffel poursuit sa progression. Les Alliés demeurent encore dans l'expectative, ne sachant que faire. Eisenhower décide finalement d'ordonner à l'armée de Patton d'abandonner ses opérations au sud et d'intervenir en poussant vers le nord et Bastogne avec deux divisions blindées. Nous sommes alors le 22 décembre et Bastogne est encerclée.

## L'aviation alliée s'en mêle

Le 23 décembre, l'avant-garde de la 5e division de Panzers se trouve à moins de 8 kilomètres de la Meuse, non loin de Dinant. Mais cette avancée ne sert à rien. Bastogne, fermement tenue par les parachutistes américains, empêche toute progression des Allemands. Pire – pour ces derniers – le temps s'améliore et l'aviation alliée peut enfin intervenir. Manquant d'essence, attaqués par l'aviation alliée qui se déchaîne, les Allemands ne progressent plus nulle part dès le 24 décembre. Le 26, les blindés de Patton parviennent à rompre l'encerclement de Bastogne. Une semaine plus tard, les Américains lancent une contre-offensive, que les Allemands ne parviennent pas à endiguer. Ils doivent abandonner le siège de Bastogne et se replier, tout en combattant pied à pied. Fin janvier, la bataille des Ardennes est terminée.

Soldats américains se faisant capturer dans un village. Fin décembre 1944.

## Bilan

L'offensive des Ardennes, trop ambitieuse, malgré des débuts prometteurs au sud, a totalement échoué. Les Allemands ont perdu 90 000 hommes et 600 chars, qu'ils auront du mal à remplacer. Les Américains ont perdu 77 000 hommes et 700 blindés, des chiffres importants mais relativement limités eu égard aux effectifs globaux des armées alliées. Surtout, par cet ultime coup de poker, Hitler a perdu toute possibilité de défendre efficacement la frontière allemande et, par là, d'éviter la défaite à l'ouest.

# Okinawa
## Une conquête dans le sang

En mars 1945, la situation est désespérée pour le Japon. Les Américains ont reconquis méthodiquement tout le terrain perdu dans le Pacifique, infligeant des pertes sévères à l'armée et à la marine ainsi qu'à l'aviation japonaise. Le 20 octobre 1944, les Américains ont repris pied aux Philippines. L'île d'Iwo Jima a été reconquise de haute lutte. Il ne reste plus qu'un seul obstacle sur la route qui mène les Américains vers Tokyo : l'île d'Okinawa.

Cette île, qui mesure plus de 2 400 kilomètres carrés, se trouve à 500 km de l'île de Kyushu, une des quatre îles principales de l'archipel du Japon. Son relief, tourmenté au sud mais relativement plat au nord, peut en faire une excellente base de départ pour les bombardiers américains. Elle est très bien défendue. Le général Ushijima, commandant la 32e armée déployée sur l'île, dispose de près de 120 000 hommes. L'île elle-même, contrairement aux autres îles déjà attaquées, est pour l'essentiel peuplée de Japonais, au nombre de 400 000.

Pour attaquer cette île, l'état-major américain ne lésine pas sur les moyens. Près de 180 000 hommes sont disponibles pour une campagne que l'on espère brève, dont un tiers doit débarquer dans les premiers jours de l'offensive, prévue pour le 1er avril. Ils appartiennent à deux divisions de marines et deux divisions de l'armée de terre. La flotte d'accompagnement donne le vertige : quarante porte-avions, près de 20 cuirassés et croiseurs de batailles, 200 destroyers et plus d'un millier de navires de transport doivent convoyer les troupes qui débarqueront au centre de l'île, sur la côte ouest.

### L'île est encerclée

Dès le milieu du mois de mars, la flotte américaine encercle l'île et débute un pilonnage méthodique des côtes. Le 18 mars, un premier navire américain est pris pour cible par un pilote kamikaze. Cette campagne d'attaques suicides va aller en s'intensifiant.

Contre toute attente, le débarquement, qui débute comme prévu dans la matinée du 1er avril, se déroule sans aucune opposition des Japonais. Les soldats américains, ahuris, progressent dans les rizières et les champs de canne à sucre sans rencontrer le moindre soldat japonais. Le 4 avril, ils ont, conformément

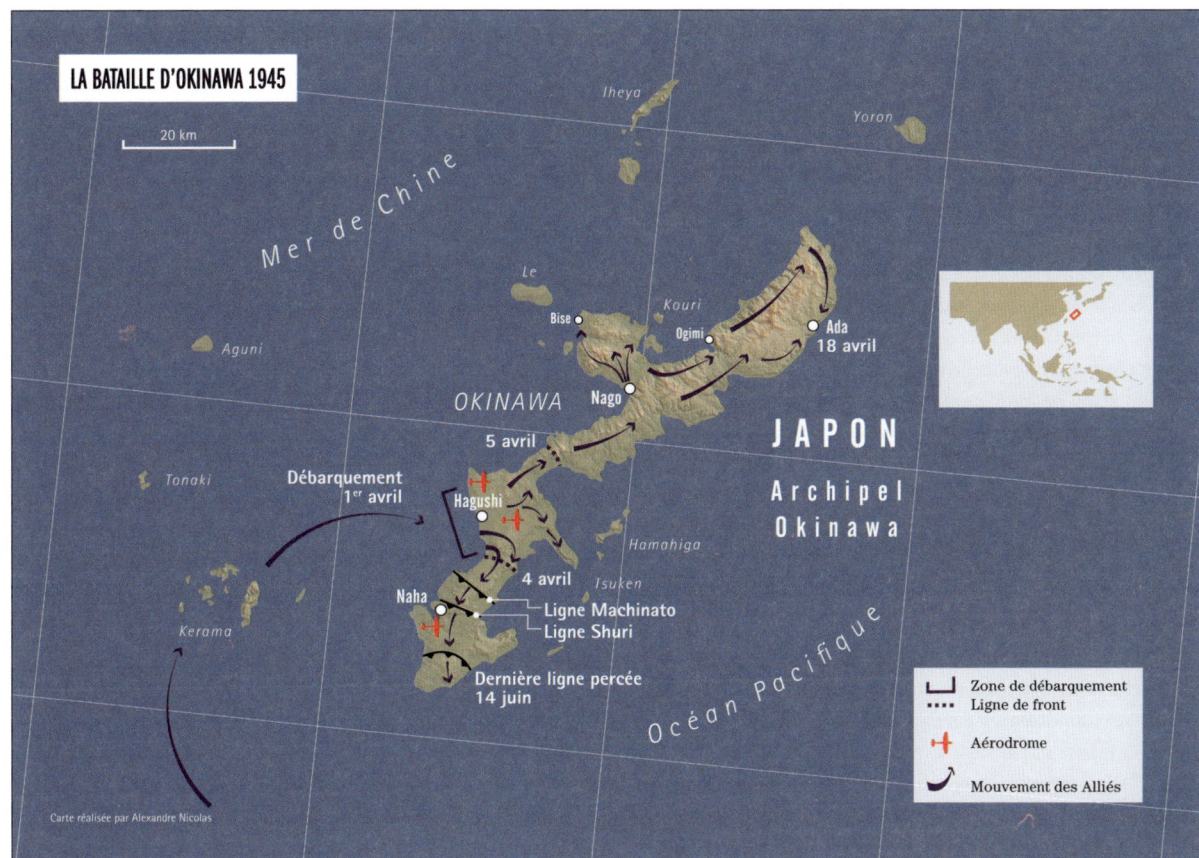

LA BATAILLE D'OKINAWA 1945

20 km

Mer de Chine

Iheya

Yoron

Le

Bise

Kouri

Ogimi

Ada
18 avril

Aguni

OKINAWA

Nago

5 avril

Tonaki

Débarquement
1er avril

Hagushi

JAPON

Archipel
Okinawa

Hamahiga

4 avril

Isuken

Naha

Ligne Machinato
Ligne Shuri

Kerama

Dernière ligne percée
14 juin

Océan Pacifique

Carte réalisée par Alexandre Nicolas

| | Zone de débarquement |
| | Ligne de front |
| ✛ | Aérodrome |
| ⤷ | Mouvement des Alliés |

## Les suicides de civils

La propagande japonaise joue sur les peurs des civils japonais présents à Okinawa. On leur affirme que les Américains sont des brutes sanguinaires et que la seule solution honorable est de se donner la mort pour ne pas subir leurs brutalités. Certaines personnes se laissent convaincre et les soldats américains assistent, impuissants, à des suicides collectifs d'hommes et de femmes sautant, parfois avec leurs enfants dans les bras, du haut des falaises de l'île. De nombreux « suicides » ont lieu à l'instigation des autorités japonaises, qui contraignent les civils à se donner la mort. Leur nombre exact demeure encore aujourd'hui inconnu.

au plan initial, atteint la côte est, coupant l'île en deux.

Cette absence de réaction n'est pas due au hasard. Le général Ushijima a conscience que la supériorité des Américains en matière d'aviation et d'artillerie ne peut lui permettre de tenir le rivage. Il a donc décidé de fortifier le sud de l'île, très accidenté. Ses montagnes sont parcourues par des kilomètres de galeries et de tunnels, et sont garnies de postes de combats, de bunkers et de positions enterrées pour l'artillerie lourde.

## Okinawa est coupée en deux

Le 6 avril, les troupes américaines débutent leur double mouvement, vers le nord et le sud. Le même jour, la flotte américaine subit la plus violente attaque de kamikazes de l'histoire. Plusieurs centaines d'avions tentent de s'abattre sur les navires américains. Le même jour, le cuirassé japonais Yamato, le plus gros navire de guerre existant, appareille pour Okinawa avec pour mission d'y livrer sa dernière bataille. Repéré dès le lendemain par les Américains, il est la cible de vagues de bombardiers et torpilleurs et sombre, entraînant dans la mort 2 400 de ses 2 700 hommes d'équipage.

Dans les jours qui suivent, les opérations de kamikazes se poursuivent, qui endommagent et parfois coulent des navires de la flotte américaine. Les responsables de cette dernière s'inquiètent considérablement de cette menace et poussent les chefs de

### Les kamikazes

En 1274, une flotte d'invasion mongole contre le Japon était dispersée par un typhon, contraignant les envahisseurs à rebrousser chemin. Ce vent divin (kamikaze, en japonais) fait partie de la légende historique du Japon. C'est en octobre 1944, lors de la reconquête des Philippines et la bataille du golfe de Leyte, qu'apparaissent les premiers avions kamikazes. Les pilotes embarquent à bord d'appareils, avec assez d'essence pour le voyage aller et la mission de s'écraser sur des navires ennemis. Contrairement à une légende tenace, ils étaient loin d'être tous volontaires.

l'armée pour qu'ils accélèrent leurs opérations afin de pouvoir se replier hors de portée des avions japonais.

De fait, l'opération qui commence vers le nord de l'île se déroule presque sans encombre. Les Américains l'envahissent sans rencontrer autre chose qu'une résistance sporadique. Le 18 avril, tout le nord de l'île est aux mains des Américains.

## Les combats commencent vraiment

Mais dans le sud, dès le 7 avril, les troupes américaines se sont heurtées à la première ligne de défense, qu'ils

ont pu percer. La 19 avril, les choses sérieuses commencent, les Américains se heurtant à la ligne Shuri, fortifiée et bien défendue par les soldats japonais. Les combats sont d'une violence inouïe. Les Américains paient cher chaque centimètre de terrain conquis. La plupart du temps, les bunkers japonais doivent être conquis à coups d'explosifs, de charges creuses et de lance-flammes. Les pertes japonaises donnent le vertige. Les prisonniers sont rares, la plupart des soldats, même blessés, préférant se suicider en dégoupillant des grenades.

La progression est lente durant tout le mois de mai, la mousson compliquant encore les opérations. Les pluies diluviennes transforment le champ de bataille en une boue infâme où se mélangent la terre et les cadavres en décomposition, donnant à la ligne de front l'apparence des pires combats de la Première Guerre mondiale.

Le 23 mai, le général Ushijima ordonne à ses hommes de quitter la ligne Shuri et de gagner la péninsule de Kiyanu pour y livrer le dernier combat. Les soldats blessés sont abandonnés sur place ou se voient administrer une dose mortelle de morphine.

Début juin, l'offensive américaine porte enfin ses fruits. Les pertes japonaises grimpent en flèche et la résistance faiblit. Le 19 juin, considérant avoir fait son devoir, le général Ushijima se donne la mort. Le 21 juin, les derniers soldats japonais se rendent. La bataille d'Okinawa est terminée.

Troupes américaines débarquant sur l'île d'Okinawa pour y écraser les défenses japonaises.

## Bilan

La bataille d'Okinawa, la plus importante opération amphibie de toute la guerre du Pacifique, aura duré près de trois mois, au cours desquels la flotte américaine aura perdu 34 navires, essentiellement par des attaques de kamikazes. Le bilan est lourd côté américain, avec 12 000 morts et 38 000 blessés. Mais côté japonais, c'est une véritable hécatombe : sur les 120 000 hommes que comptait la 32e armée, un peu plus de 10 000 se sont rendus, blessés pour la plupart. Les autres sont morts lors des combats ou se sont donné la mort. Un cinquième de la population de l'île a disparu. Le coût élevé de cette victoire et l'acharnement des combats vont peser lourd dans la décision américaine d'employer la bombe atomique, considérée alors comme un moyen d'éviter un bain de sang lors de la conquête du Japon même.

# Berlin
## La revanche de Staline

Début avril 1945, la situation est désespérée pour le Reich. Les Américains ont franchi le Rhin et s'enfoncent profondément en Allemagne. Le 1er avril, les forces allemandes qui défendaient la Ruhr ont été entièrement encerclées et le 16 avril, les troupes américaines ont atteint l'Elbe, choisie par les Alliés comme la ligne de démarcation future entre les Anglo-Américains et les Soviétiques. Ils ne sont plus qu'à 75 kilomètres de Berlin et rien ne semble devoir les arrêter.

Mais les soldats américains qui sont arrivés sur l'Elbe ignorent que le sort de Berlin a déjà été réglé des mois auparavant et que Staline entend s'en emparer seul, avec l'accord des Alliés. Le jour même de l'arrivée des Américains sur l'Elbe, les Russes franchissent l'Oder. Un million de soldats soviétiques soutenus par près de 20 000 chars et pièces d'artillerie attaquent 100 000 Allemands. Les armées de Joukov et de Koniev, malgré la défense acharnée des Allemands, qui protègent à présent le cœur de leur pays, parviennent à progresser rapidement. Le soir même, les troupes de Koniev sont sur les rives de la Spree, qui arrose Berlin. Le 19 avril, celles de Joukov se trouvent dans les faubourgs de Berlin, prêtes à entamer son siège.

Dans la ville, il ne reste plus aucune unité digne de ce nom. La capitale allemande n'est plus défendue que par des unités disparates, formées à la hâte de réservistes ou de blessés, ainsi que d'unités de la Volkssturm, milice qui incorpore les enfants et les vieillards et d'une qualité médiocre.

Le 20 avril est le jour anniversaire de Hitler. Terré dans son bunker, Hitler daigne en sortir pour décorer quelques jeunes gens des jeunesses hitlériennes qui se sont distingués. Les images montrent un homme au regard déterminé mais dont la main est agitée de tremblements nerveux. C'est sa dernière apparition en public. Le Führer vit de plus en plus dans ses rêves, pris de brusques accès de rage.

### L'offensive débute

Le 21 avril, les premiers chars soviétiques pénètrent dans Berlin. La tactique des Russes est éprouvée. Chaque compagnie d'infanterie russe (100 hommes environ) est accompagnée par des canons antichars, une batterie de canons automoteurs, un peloton du génie et de

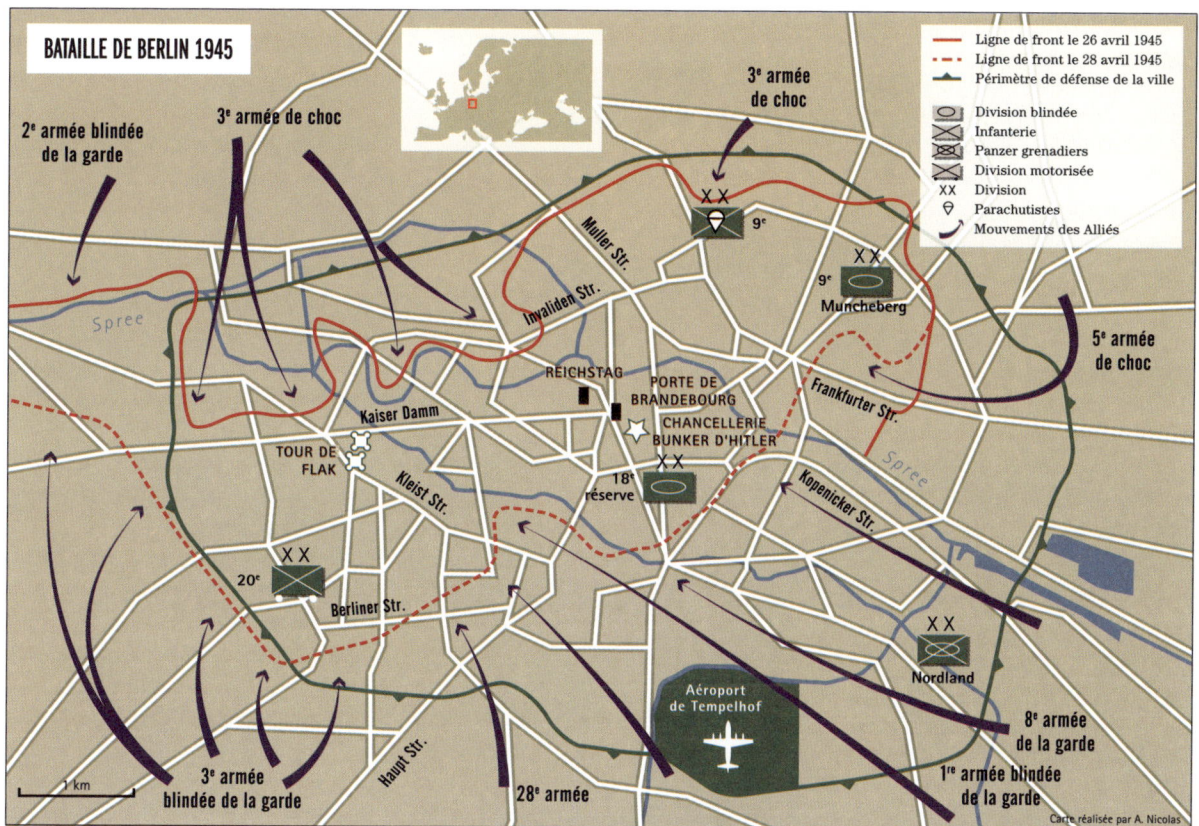

**BATAILLE DE BERLIN 1945**

Ligne de front le 26 avril 1945
Ligne de front le 28 avril 1945
Périmètre de défense de la ville

Division blindée
Infanterie
Panzer grenadiers
Division motorisée
XX Division
Parachutistes
Mouvements des Alliés

2ᵉ armée blindée de la garde

3ᵉ armée de choc

3ᵉ armée de choc

Spree

Muller-Str.

Invaliden Str.

9ᵉ

9ᵉ
Muncheberg

5ᵉ armée de choc

REICHSTAG

PORTE DE BRANDEBOURG

Frankfurter Str.

Spree

Kaiser Damm

CHANCELLERIE
BUNKER D'HITLER

TOUR DE FLAK

Kleist Str.

18ᵉ réserve

Kopenicker Str.

XX
20ᵉ

Berliner Str.

XX
Nordland

Aéroport de Tempelhof

8ᵉ armée de la garde

Haupt Str.

1 km

3ᵉ armée blindée de la garde

28ᵉ armée

1ʳᵉ armée blindée de la garde

Carte réalisée par A. Nicolas

lance-flammes. Les canons sont là pour détruire les immeubles, à l'assaut desquels se lancent les groupes du génie, munis d'explosifs, et les sapeurs munis de lance-flammes. On combat rue par rue, maison par maison. On ne cherche pas à conquérir un immeuble mais à le faire s'effondrer pour s'emparer de ses gravats et gagner la position suivante. Les Russes ont bien retenu les leçons de Stalingrad.

## La division Charlemagne

La 33ᵉ division de Waffen-SS « Charlemagne », composée de soldats français, est officiellement créée en octobre 1943, succédant à « Sturmbrigade SS Frankreich », elle-même succédant à la LVF, Légion des volontaires français contre le bolchevisme. Ses soldats ont revêtu l'uniforme allemand pour combattre sur le front de l'Est. Adeptes du national-socialisme, partisans ardents d'une collaboration poussée avec l'Allemagne, certains de ses soldats (moins de 100) feront partie des derniers défenseurs du bunker de Hitler.

Ils ont vu les Allemands anéantir certaines de leurs plus belles villes. Ils sont décidés à leur rendre la monnaie de leur pièce. Avec les intérêts.

### Le rouleau compresseur

Le même 21 avril, la ville de Zossen est capturée par les troupes de Koniev. La perte est lourde : son central téléphonique permettait de conserver le contact avec l'extérieur. La ville est pour ainsi dire coupée du monde. Le soir, les troupes de Koniev se trouvent à la gare d'Anhalter, à moins de 200 mètres de la Chancellerie et du bunker de Hitler. Mais c'est à Joukov que revient l'honneur de conquérir la ville. Il faut dire que face à lui, les rares troupes encore organisées du secteur, les 9e et 12e armées allemandes (qui n'ont d'armées que le nom tant leurs effectifs ont fondu) sont incapable de dégager Berlin. La situation des civils encore présents dans la ville est terrifiante : contraints à se terrer dans les caves, les égouts et les stations de métro, ils manquent de tout. Les soldats russes, qui tiennent enfin leur revanche, commettent des actes d'une rare brutalité : meurtres, viols, tortures sont monnaie courante, le pillage et les incendies également. Il règne en cet instant, dans la capitale allemande, une ambiance de fin du monde.

Le 26 avril, l'assaut final commence. 450 000 soldats soviétiques soutenus par 13 000 pièces d'artillerie, 200 000 orgues

### Les orgues de Staline

Ce sont les Allemands qui donnent à cette arme russe le surnom d'orgues de Staline, les Russes la baptisant Katioucha, diminutif de Catherine. Il s'agit en fait d'un lance-fusée multiple monté sur un châssis de camion. Les versions varient. Il peut emporter de 12 à 48 fusées, d'une hauteur d'1,80 m et d'un poids de 22 kg. Pouvant parcourir près de 8 km, les fusées soviétiques compensent largement leur imprécision par leur capacité explosive et leur impact psychologique, car elles sont toujours tirées en rafales.

de Staline et 1 500 chars, font leur entrée dans le cœur de la ville. L'offensive est si brutale, les effectifs si disproportionnés que les progrès sont rapides. Le périmètre tenu par les Allemands ne mesure plus, ce soir-là, que 15 kilomètres de long sur 5 de large. Le centre et les environs du bunker sont, ironie de l'histoire, défendus par de petits groupes d'unités de la Waffen-SS, étrangers pour la plupart. Le Führer du peuple allemand, qui avait tant vanté les valeurs guerrières de la race germanique, voit sa garde prétorienne composée de Français de la division Charlemagne, de Belges de la

division Wallonie ou de Baltes. Les civils font les frais de ces nazis convaincus, qui n'hésitent pas à contraindre ceux en état de porter des armes de se joindre aux combats et de pendre les déserteurs et les récalcitrants aux réverbères.

### Le crépuscule du IIIe Reich

Le 29 avril, les combats se déroulent à moins de 500 mètres du bunker de Hitler, qui dicte alors ses dernières volontés. Multipliant les imprécations contre les traîtres, les lâches et les Juifs, il désigne l'amiral Donitz comme son successeur avant d'épouser sa compagne, Eva Braun, et de se donner la mort, dans la nuit du 30 avril. Il sera suivi, le 1er mai, par les époux Goebbels, qui empoisonnent leurs enfants avant de se suicider.

Le drapeau rouge flotte alors déjà sur le Reichstag. Donitz, informé de la mort de Hitler et de ses nouvelles fonctions, prend contact avec les Soviétiques afin de négocier. Les pourparlers traînent en longueur et le 1er mai, Staline ordonne de reprendre l'offensive contre Berlin, manifestement décidé à transformer la ville en champ de ruine. Les derniers occupants du bunker de Hitler quittent les lieux et tentent de se frayer un chemin à travers les lignes soviétiques. Le 2 mai, le commandant du Festung Berlin (forteresse de Berlin) capitule officiellement. À 15 heures, les canons cessent de tirer. La bataille de Berlin est terminée.

Berlin en ruines, en 1945.

### Bilan

Elle a duré à peine trois semaines. Les Russes ont perdu près de 300 000 hommes, tués, blessés et disparus entre le 16 avril et le 2 mai. Côté allemand, les pertes militaires sont presque impossibles à évaluer (les chiffres varient de 100 000 à 300 000, dont 30 000 pour la seule bataille à l'intérieur de Berlin), mais 125 000 civils ont péri, victimes des combats, des attaques et de suicides. Il s'agit là de la bataille la plus violente et la plus meurtrière de la Deuxième Guerre mondiale, eu égard aux effectifs engagés, à la taille du périmètre concerné et à la brièveté des combats.

# Conclusion

L'histoire est avant tout l'histoire des hommes et des femmes. La guerre, par son caractère brutal, exacerbe cette vérité. Certes, depuis l'Antiquité, les armes n'ont cessé de se perfectionner. On est passé du bâton pourvu d'une pointe en fer à l'arc, à l'arquebuse, au mousquet, au fusil puis à la mitrailleuse. La guerre a gagné les cieux. Les voiliers ont été remplacés par des cuirassés, des croiseurs et des sous-marins. L'apparition des porte-avions, entre les deux guerres, a même permis à des flottes de s'affronter sans même s'apercevoir.

Mais derrière chaque fusil, dans chaque trou de combat, dans chaque cockpit d'un chasseur ou d'un bombardier, à l'intérieur de la coque de chaque U-boot ou de chaque destroyer d'escorte, c'est encore et toujours l'homme qui fait la différence, appuie sur la gâchette, déclenche la chute d'un chapelet de bombes ou le départ d'une torpille. Des dizaines de millions de soldats sont morts dans ces deux terribles conflagrations. Des civils également, hommes, femmes, enfants. Face à un tel désastre humain, face aux champs ravagés, aux maisons détruites, aux carcasses calcinées des chars et des avions détruits, la notion même de gloire, de victoire et de défaite, s'évanouit. On a calculé que si tous les morts français de la Première Guerre mondiale avaient défilé sur les Champs-Élysées en rang par quatre, il aurait fallu attendre sept jours et sept nuits pour voir passer la dernière de ses victimes. Sans parler des dizaines de milliers de blessés, ces « gueules cassées » et des millions de veuves et d'orphelins provoqués par cette immense conflagration. À la « Der des ders » succède la Deuxième Guerre mondiale, qui débouche sur la Guerre froide.

C'est au fond une des leçons des guerres. Chaque flambée de violence en entraîne une autre, la fin d'une guerre porte souvent en elle les germes de la suivante. La création de la Société des Nations puis de l'ONU n'a pas hélas bouleversé cette vérité intangible.

**ÉDITIONS ESI**

**60, rue Vitruve, 75 020 Paris**

*Alexandre Nicolas – www.le-cartographe.net*
*Pages 19, 23, 43, 47, 51, 63, 67, 75, 83, 87, 95, 99, 103, 115, 119, 123, 131, 135, 143, 147*

*Imprimé en Italie par Gruppo Editoriale Zanardi*
*© Éditions ESI - Dépôt légal : octobre 2011 - Achevé d'imprimer : septembre 2011*
*ISBN : 978-2-35355-764-6 - N° Sofédis : S469053*